Persistance Matanhire

Wolontariat pracowniczy i autonomia, ochrona pracowników sektora kosmetycznego w Zimbabwe

Persistance Matanhire

Wolontariat pracowniczy i autonomia, ochrona pracowników sektora kosmetycznego w Zimbabwe

Stosunki pracy w dusznym środowisku politycznym w latach 2000-2015

Wydawnictwo Bezkresy Wiedzy

Imprint

Cover image: www.ingimage.com

Publisher:
Wydawnictwo Bezkresy Wiedzy
is a trademark of
International Book Market Service Ltd., member of OmniScriptum Publishing Group
17 Meldrum Street, Beau Bassin 71504, Mauritius

Printed at: see last page
ISBN: 978-620-0-54783-5

Wolontariat pracowniczy i autonomia, ochrona pracowników przemysłu kosmetycznego w Zimbabwe w latach 2000-2015

Trwałość Matanhire

Podziękowania

Prima facie, chciałbym oddać cześć Panu, Wszechmogący, za całą łaskę, która objęła mnie podczas tej pracy i wszystkie moje wysiłki gdzie indziej.

Chciałbym również wyrazić moją głęboką wdzięczność dla doktora Mudyanadza, który sprawił, że praca ta odniosła sukces dzięki jego nadzorowi i zachętom w Midlands State University w powijakach tej pracy, bez których byłaby to walka pod górę z małymi szansami na sukces.

Chciałbym również podziękować moim przyjaciołom, Lizbonie Chigwenjere i Calvinowi Chakabveyo, a także moim siostrom, Lycrze, Ukochanej i Widokowi, za ich moralne wsparcie.

DYREKTYWA

Do mojej matki, Joyce Dope

Lista akronimów

AFL CIO Amerykańska Federacja Pracy i Kongres Organizacji Przemysłowych

AIPPA Access to Information and Protection of Privacy Act (Ustawa o dostępie do informacji i ochronie prywatności)

CBAs Zbiorowe układy pracy

CBD Centralny Okręg Gospodarczy

DRK Demokratyczna Republika Konga

Program dostosowania strukturalnego gospodarki ESAP

Unia Europejska

O gólne porozumienie polityczne GPA

DNB Dochód narodowy brutto

Rząd Jedności Narodowej GNU

ICFTU Międzynarodowa Konfederacja Wolnych Związków Zawodowych

Przemysłowy Związek Zawodowy Pracowników Sektora Handlowego ICU

MOP Międzynarodowa Organizacja Pracy

Międzynarodowa Konfederacja Związków Zawodowych ITUC

Ruch MDC na rzecz Demokratycznych Zmian

LEDRIZ Instytut Pracy i Rozwoju Gospodarczego Zimbabwe

NAVUZ National Vendors Union of Zimbabwe

K rajowa Rada Zatrudnienia NEC

Organizacje pozarządowe Organizacje pozarządowe

Linia danych o ubóstwie PDL

POSA Ustawa o porządku publicznym i bezpieczeństwie publicznym

POSB Ludowy Bank Oszczędnościowy

PTC Post and Telecommunications Company

PTUZ Progressive Teachers Union of Zimbabwe

SAP Programy dostosowania strukturalnego

UDI Jednostronna deklaracja niepodległości

UNAIDS Wspólny Program Narodów Zjednoczonych ds. HIV/zespół nabytego niedoboru odporności (Acquired Immune Deficiency Syndrome)

Program Narodów Zjednoczonych ds. Rozwoju UNDP

USA Stany Zjednoczone Ameryki Północnej

USD Dolar amerykański

ZANU PF Zimbabwe Afrykańska Unia Narodowa Front Patriotyczny

Kongres Związków Zawodowych ZCTU Zimbabwe

ZCIEA Zimbabwe Izba Nieformalnych Stowarzyszeń Gospodarczych

ZDAWU Związek Zawodowy Pracowników Wewnętrznych i Sprzymierzonych Zimbabwe

ZFTU Federacja Związków Zawodowych Zimbabwe

ZESA Zimbabwe Electricity Supply Authority

ZEWU Związek Zawodowy Pracowników Przemysłu Energetycznego Zimbabwe

ZIMLI Zimbabwe Instytut Informacji Prawnej

Stowarzyszenie Nauczycieli ZIMTA Zimbabwe

Stowarzyszenie Pielęgniarek ZINA Zimbabwe

ZIWC Konfederacja Pracowników Przemysłowych Zimbabwe

ZPTWU Związek Zawodowy Poczty i Telekomunikacji Zimbabwe

ZTEA Zimbabwe Electricity Supply Authority Stowarzyszenie Pracowników Technicznych ZTEA Zimbabwe

ZURCWU Zimbabwe Związek Zawodowy Pracowników Rad Miejskich i Wiejskich

SPIS TREŚCI

PREFACE

Wolontariat pracowniczy i autonomia odnoszą się do wolnej woli i niezależności pracowników w kształtowaniu procesów pracy w celu wpływania na pożądane wyniki. Prawo do strajku, prawo do tworzenia dobrowolnych związków zawodowych oraz prawo do dobrowolnych rokowań zbiorowych leżą u podstaw wolontariatu pracowniczego i autonomii. Wolontariat pracowniczy i autonomia przyszły jako odpowiedź na kapitalistyczne tendencje i uprzedzenia rasowe w kolonialnym Zimbabwe. Niemniej jednak walka o wolontariat i autonomię dotyczyła wszystkich pracowników bez względu na rasę. Kapitalizm i wolontariat pracowniczy nie są rdzennymi ideologiami, ale zostały przyjęte wraz z nadejściem cywilizacji zachodniej i zorganizowanymi interakcjami w zakresie zatrudnienia. ZCTU, w miarę jak puls ruchu robotniczego rozwijał się w stłumionym środowisku, które charakteryzuje się nugatywnymi negocjacjami zbiorowymi, które odbywają się na drodze arbitrażu, oraz charakterem NEC finansowanych z kapitału, zniechęceniem do prawa do strajku przez ustawy regulujące interakcje zatrudnienia odpowiednio w sektorze publicznym i prywatnym oraz brakiem autonomii związków zawodowych od elementów politycznych.

Zjawisko to zostało zbadane w dużej mierze za pomocą metody jakościowej i częściowo ilościowej. Był to wysiłek mający na celu osiągnięcie bliskiej dokładności w ustaleniach. Badacz zastosował trzy techniki zbierania danych, na które składały się wywiady pogłębione, kwestionariusze i dokumenty o wartości przekonywującej do badania. Przyczyniły się one do zebrania zarówno danych ilościowych, jak i jakościowych. Kwestionariusze zostały wykorzystane do zebrania wymaganych i istotnych danych od pracowników i związków zawodowych. Wywiady wykorzystano również w celu uzyskania wyczerpujących danych od osób, które mają znaczenie i są ekspertami w swoich strefach specjalizacji. Wywiady były prowadzone z urzędnikami pracy i administratorami. Walka o woluntaryzm i autonomię jest działaniem ciągłym, ponieważ zorganizowana akcja strajkowa pogarsza się i jest zastępowana przez indywidualne niezorganizowane sposoby wyrażania niezadowolenia z procesów i wyników pracy, a negocjacje zbiorowe nie są już szanowane przez pracowników jako całość.

ROZDZIAŁ 1

RAMY INSTYTUCJONALNE

Wolontariat pracowniczy i autonomia odnoszą się do wolnej woli pracowników do kształtowania procesów i wyników stosunków pracy niezależnych od sił zewnętrznych, do których zalicza się rząd i kapitał [1]. Prawo do strajku, dobrowolnych rokowań zbiorowych i prawo do tworzenia organizacji pracowniczych stanowią podstawę wolontariatu pracowniczego i autonomii. Prawa te są przyznane na mocy art. 65 konstytucji, a także na mocy rozdziału 28.01 ustawy o pracy. Autonomia, traktowana oddzielnie, nawiązuje do roli związków zawodowych jako społeczeństwa obywatelskiego, a wolontariat odnosi się do działań opartych na wolnej woli, podejmowanych w miejscu pracy przez pracowników za pośrednictwem ich związków. W świetle powyższego, rozprawa ta będzie ilustracją wolontariatu pracowniczego i autonomii w Zimbabwe jako *przyjętej dwupłaszczyznowej tarczy*, która jest wykorzystywana przez pracowników w celu odwrócenia nieugiętego dążenia kapitału do dominacji oraz nadmiernych machinacji rządu do ingerowania w ich działalność. Problem ten wynika częściowo z historycznego rozwoju ruchu robotniczego. Obowiązujące w Zimbabwe prawo pracy jest również ucieleśnieniem dziedzictwa kolonialnego kraju pozostawionego przez biały reżim.

Ruch robotniczy w Zimbabwe rozwinął się w wysoce stłumionym środowisku inwazyjnych sił politycznych, co sprawiło, że stał się on instytucją zahamowaną, pomimo tego, że konstytucja i ustawa o pracy zapewniają dobrowolność i autonomię. Wynika to z różnych sposobów politycznej ingerencji w działalność wolontariatu pracowniczego, która wiąże się z walką o władzę wśród sił politycznych. Ewolucja ruchu robotniczego w Zimbabwe charakteryzuje się paternalistycznym charakterem relacji między rządem a ruchem robotniczym w latach 80. [2], wkraczaniem zagranicznych neoliberalnych i wspieranych przez rząd polityk dotyczących wolontariatu pracowniczego i autonomii w latach 90. [3] oraz rozszerzaniem się neoliberalnych tendencji do infiltracji wymiaru sprawiedliwości w kontekście zapaści gospodarczej w latach 90.

Pracujące kobiety również od dawna znajdują się pod szponami patriarchatu, który nakłada się na miejsce pracy. Wiele z kobiet w Zimbabwe pracuje w sektorze nieformalnym, który obejmuje pracę w domu i w automatach do sprzedaży. Sektor ten nie jest w pełni regulowany przez prawo, co naraża go na nieuczciwe zwyczaje lub praktyki związane z pracą, na przykład wynagrodzenia w zatrudnieniu w kraju pozostają na niskim poziomie. W związku z tym w książce uwzględnione zostaną również czynniki hamujące dobrowolność i autonomię kobiet w zakresie pracy.

Ustawa o pracy w dużej mierze unieważniła dobrowolność i autonomię pracy [4].

W tym względzie problem wynika z ustawy. Art. 18 ustawy o pracy nie uprawnia do dalszego urlopu macierzyńskiego kobiety, która korzystała z 3-krotnego urlopu macierzyńskiego [5]. Przepis ten jest kapitalistyczny w tym sensie, że ma na celu zapewnienie nieprzerwanej pracy kobiet. Ustawa zawiera również szare strefy, na przykład paragraf 23(1) nie mówi nic o tym, czy komitet pracowniczy ma prawo do wysłuchania w sądzie pracy, czy też w sądzie [6]. Ponadto art. 12 ustawy został uchylony przez prawo powszechne w sprawie Sądu Najwyższego dotyczącej Zuva Petroleum i jej pracowników, którzy zostali zwolnieni za wypowiedzeniem bez prawa do świadczeń końcowych w 2015 r., w której rząd zmienił ten przepis za pośrednictwem parlamentu i zastosował go z mocą wsteczną.

Rząd został również powszechnie potępiony za stosowanie różnych standardów w stosunkach pracy. W związku z tym pracownicy sektora prywatnego korzystają z większej autonomii w porównaniu z pracownikami sektora publicznego. Stosunki pracy w sektorze publicznym reguluje ustawa o służbie publicznej, która przyznaje pracownikom i ich związkom prawo do konsultacji [7]. Z drugiej strony, sektor prywatny podlega przepisom rozdziału 28.01 ustawy o pracy, który przynajmniej daje pracownikom danego sektora prawo do negocjacji zbiorowych, choć czasami jest ono zagrożone i nie jest dobrowolne ze względu na różne czynniki, w tym uprawnienia ministerialne do ingerowania w układy zbiorowe pracy, które zostałyby zatwierdzone przez NEC [8], oraz na mnożenie się spraw, które zostały przekazane do arbitrażu.

Nadanie mocy prawnej wolontariatowi pracowniczemu i autonomii poprzez wolę polityczną i dobrą wiarę ze strony kapitału zapobiegłoby osłabieniu tej podstawowej cechy. W tym względzie wolontariat pracowniczy i autonomia zapewniają pracownikom spójny pakiet, który pomoże im osiągnąć równość z kapitałem, zrekompensować nadmierną ingerencję rządu i prowadzić satysfakcjonujące życie ze stosunku pracy. Zapewniłoby to również włączenie kobiet w wolontariat pracowniczy i wspólne działania produkcyjne. Książka ta ma na celu podsumowanie, czy wolontariat pracowniczy i autonomia w Zimbabwe są po prostu wyobrażeniem, czy rzeczywistością, poprzez prześledzenie rozwoju ruchu robotniczego w ciągu trzech i pół dekady niepodległości.

DEFINICJA TERMINÓW

"Układ zbiorowy pracy" odnosi się do negocjacji proceduralnych między pracodawcą a organizacją pracowniczą w celu zawarcia układu zbiorowego pracy, który usprawnia warunki i stosunki pracy [9].

"Prawo do strajku" obejmuje prawo do wycofania się z pracy przez organizację pracowniczą w celu zmuszenia pracodawcy do podjęcia z nią rozsądnych negocjacji [10].

Określenie "szare strefy" odnosi się do niejasnych przepisów w instrumencie prawnym, w świetle Konstytucji lub Aktu Parlamentu, które nakładają na strony lub arbitrów zniechęcający ciężar interpretacji w odniesieniu do sposobu postępowania, które należy podjąć [11].

Historia Wolontariatu Pracy i autonomii

Wolontariat pracowniczy i autonomia mogą być zilustrowane jako przyjęta *tarcza o dwóch twarzach*, która ma istotne znaczenie dla odwrócenia nieustannej dominacji kapitału i nadmiernej ingerencji rządu. Wolontariat pracowniczy i autonomia wywodzi się z Wielkiej Brytanii, gdzie związki zawodowe wzburzały się przeciwko wyraźnej interwencji rządu w stosunki pracy w wieku 12 lat rewolucji przemysłowej. Niemniej jednak, niektórzy szukali punktu wyjścia, przypisując kredyt Stanom Zjednoczonym Ameryki. Wczesnoamerykański ruch zawodowy wspierał środowisko pracy, w którym związki zawodowe koncentrowały się na zwykłym i umiarkowanym zwrocic płac i warunków pracy, a w latach 30. i 60. [13]. wzrósł do poziomu wpływu na politykę. W związku z tym ustawa Wagnera z 1935 r. stała się zbawieniem dla amerykańskiej siły roboczej i nie tylko ze względu na to, że sformułowano nieuczciwe praktyki pracy i uczyniono je niedopuszczalnymi [14]. Był to kamień milowy na drodze do osiągnięcia wolontariatu pracowniczego i autonomii dzięki temu, że układy zbiorowe zyskały podstawy prawne, a związki zawodowe z większościowym udziałem zostały zalegalizowane [15]. Zimbabwe zostało skolonizowane przez Wielką Brytanię w 1890 roku, a osadnicy przyjęli wolontariat pracowniczy i autonomię w stosunkach pracy z Zachodem, ale nie pozwolili na zorganizowanie [16] czarnych pracowników.

Teorie stosunków pracy
Paradygmat marksistowski

Wiele teorii zostało zaproponowanych w celu wyjaśnienia stosunków pracy i ujawnienia możliwych środków promowania wolontariatu pracowniczego i autonomii. Niemniej jednak, książka ta będzie badać paradygmat marksistowski, podejście unitarystyczne, paradygmat pluralizmu i podejście systemowe. Teorie te zostaną ostatecznie skontekstualizowane do stosunków pracy w Zimbabwe.

Podejście marksistowskie zakłada, że walka klasowa jest nieodłącznym elementem stosunków pracy. Związki zawodowe są nie tylko organizacjami wolontariackimi, ale także szkołami socjalizmu i kanałami transformacji socjalistycznej. W Zimbabwe ruch robotniczy stoi na czele walki o demokrację na szczeblu państwowym i równość w miejscu pracy. Ruch robotniczy w Zimbabwe jest centralnym punktem demokracji 17. W związku z tym ruch robotniczy poparł nacjonalistycznych przywódców niepodległości Zimbabwe, co podkreślono na początku książki. Związki zawodowe nie powinny pozwolić, aby partie polityczne zdominowały je, ponieważ osłabia to ich walkę o uznanie głosu pracy 18. Niemniej jednak polityka w Zimbabwe powoduje, że ruch robotniczy staje się coraz bardziej popularny. Niektórzy uczeni twierdzą, że zaraz po odzyskaniu niepodległości ZCTU było tylko dodatkiem do rządu ZANU PF 19. Co więcej, w latach 2000. ZCTU zostało skazane z jednej strony za słabe związki z MDC, a z drugiej strony ZFTU za związki z partią ZANU PF. Negatywnie wpływa to na wolontariat pracowniczy i autonomię.

Presocjalizm jest warunkiem wstępnym dla socjalistycznej transformacji lub, mówiąc wprost, dla rewolucji. Etap ten pociąga za sobą konieczność istnienia zjednoczonej siły roboczej, która jest dobrze świadoma swojej pozycji w społeczeństwie. Robotnicy nie mają nic do stracenia, poza kajdankami 21. Aby marksistowski socjalizm wystarczył, pracownicy muszą wyprzeć kapitał z posiadania kanałów produkcji i to wszystko.

17. Tarugarira. G (2011) Autonomia pracownicza w oblężeniu: An Analysis of the Challenges faced by Zimbabwe's Trade Unions in an Economy under stress and a Bipolarized political environment, In Journal of Sustainable Development in Africa, (Vol 13), (Issue 3), University

będzie w końcu własnością wszystkich. ZCTU jest ogromnym związkiem od lat 90-tych i przetrwało do dziś. Związek ten zapewnił pracownikom z Zimbabwe platformę do propagowania sprawiedliwości społecznej. Niemniej jednak, praca jest daleka od presocjalizmu, ponieważ obfituje w podziały. Niedawne wydanie licencji przez Konfederację Pracowników Przemysłu Zimbabwe pokazuje, że wolontariat w obliczu unizmu traci na znaczeniu. Związek ten został utworzony niezależnie od faktu, że procent zatrudnienia maleje i został odnotowany jako znacznie poniżej standardu, jak stwierdzono w poprzednich sekcjach. Co więcej, strajk, który jest odległym narzędziem rewolucji, jest niedopuszczalny, jak pokazała powyższa dyskusja. Marksistowska teoria stosunków pracy ma słabe strony, na przykład promuje przemoc jako narzędzie transformacji. Trzymajcie się z dala, a grabieże są uważane za dzisiejszą stopniową rewolucję. Jest to nie do pogodzenia z krajami rozwijającymi się, takimi jak Zimbabwe, które są wrażliwe na wszelkie fale antyrozwojowe.

b) Model unitarystyczny

Model unitarystyczny to również teoria stosunków pracy, która może być wykorzystana do wyjaśnienia stosunków pracy w korporacyjnym Zimbabwe w latach 2000-2015. Założeniem unitaryzmu jest to, że w organizacji istnieje jedno źródło władzy, a jest nim zazwyczaj kierownictwo 22. Konkurencyjne organizacje nie istnieją w strukturach unitarnych. Teoria unitarystyczna zakłada, że nie ma konfliktu interesów między menedżerami a pracownikami. Teoria ta jest afrontem dla wolontariatu pracowniczego i autonomii, ponieważ propaguje podporządkowanie pracowników przez kierownictwo. Kapitał zawsze poszukuje pewnego rodzaju nagrody za maksymalną pracę, a jeśli praca będzie odgrywać bierną rolę, dojdzie do wyzysku. Teoria ta postrzega również związki zawodowe jako niezgodne z celami kierownictwa. Paradygmat unitarystyczny ma charakter indywidualistyczny i ma na celu pielęgnowanie wspólnych interesów w relacjach pracowniczych. Rząd Zimbabwe wzorowany jest na uniitaryzmie, choć głosi, że jest socjalistyczny, co widać na przykładzie podporządkowania sobie działalności związkowej, co pokazano na początku tego rozdziału. Teoria ta ma na celu zahamowanie dobrowolności i autonomii pracy.

Układy zbiorowe pracy mają istotne znaczenie dla osiągnięcia równowagi między kierownictwem a pracownikami, dlatego też uniitaryzm jest afrontem dla wspólnych wysiłków w zakresie stosunków pracy. Niemniej jednak model unitarystyczny odgrywa zasadniczą rolę w promowaniu koordynacji i jedności w miejscu pracy.

c) Podejście do systemów przemysłowych

Podejście systemowe jest również modelem stosunków pracy, który może być wykorzystany do kontekstualizacji wolontariatu pracowniczego i autonomii w Zimbabwe.

22. Rose, E and Bamper, T (2008) Employment Relations, London, Prentice Hall Rousseau. J. J (1950) The Social Contract and Discourses, New York City, J. M and Sons Limited

Podejście systemowe jest narzędziem oceny dla społeczeństw przemysłowych, które obejmuje zestaw zasad, które są uchwalane w celu regulowania stosunków pracy [23]. Podejście systemowe ukazuje zasady jako centralny punkt stosunków przemysłowych i są one tworzone poprzez wpływy zewnętrzne różnych podmiotów, które stawiają przed systemem wymagania w zakresie tworzenia zasad.

Teoria ta zakłada, że negocjacje zbiorowe są czynnością proceduralną, która wpływa na wyniki będące zasadami. W przypadku, gdy negocjacje zbiorowe doprowadziły do impasu, podmioty mogą uciec się do mechanizmów rozwiązywania konfliktów, które obejmują odpowiednio postępowanie pojednawcze, arbitraż i orzekanie. Radzenie sobie z konfliktami między podmiotami, które są zjednoczone poprzez mechanizmy rozwiązywania konfliktów, AKK i pluralizm w miejscu pracy przyczyniły się do przejścia od zewnętrznego sankcjonowania interwencji państwa do dobrowolności i autonomii [24]. Niemniej jednak arbitraż i orzekanie sprzyjają dobrowolności i autonomii pracy, ponieważ w przedmiotowych procesach pracownicy nie mają kontroli, jak zauważono w orzeczeniu Sądu Najwyższego, w którym Zuva Petroleum uczestniczyła w poprzednich dyskusjach. Negocjacje zbiorowe w stosunkach pracy w Zimbabwe stały się bezproduktywne z powodu wielu spraw, które zostały skierowane do arbitrażu, a które są dodatkowo kaleczone przez stronniczych arbitrów, którzy faworyzują kapitał [25]. Dlatego też legitymizacja arbitrażu i orzekania w podejściu systemowym jest sprzeczna z zasadami dobrowolności i autonomii pracowników. Arbitraż jest nadal istotny jako środek ostatecznego rozwiązywania konfliktów między kapitałem a pracą, ale pracodawcy nie powinni nim manipulować i wykazywać się dobrą wiarą.

Teoria ta postrzega również związki zawodowe jako uprawnione podmioty, które kształtują sferę stosunków pracy. Teoria systemów traktuje podmioty jako nadrzędne ze względu na fakt, że są one zmiennymi autonomicznymi, które wpływają na zasady, które są zmiennymi zależnymi. Głównymi podmiotami stosunków przemysłowych są kierownicy, pracownicy i ich organizacje wolontariackie oraz państwo i jego pełnomocnicy [26].

W paradygmacie systemowym podkreśla się również wpływ kontekstu środowiskowego na podmioty i stosunki pracy. Zakłada on, że paradygmat systemowy działa w kontekście gospodarki, polityki i instytucji regulacji społecznej, które obejmują struktury rodzinne i kulturowe. W latach 90. rząd Zimbabwe ustanowił płace minimalne w celu amortyzacji pracowników

Pokazuje to, że zasady wynikają z charakteru środowiska naturalnego w danym momencie. Technologia jest wyznacznikiem środowiskowym, który określa proporcje i umiejętności wymaganych pracowników oraz bezpieczeństwo i dobre samopoczucie 28. Ustawa o pracy stanowi, że spory o prawa nie spełniają warunków do podjęcia strajku, a kwestie bezpieczeństwa i zdrowia wchodzą w zakres sporów o prawa. Kwestie bezpieczeństwa i zdrowia zagrażają życiu samych pracowników, a pracodawcy mogą być niechętni poprawie warunków pracy ze względu na fakt, że prawo nie spełnia wymogów strajku. Zdaniem autora, instytucja rodziny przyczynia się do wolontariatu pracowniczego i autonomii w Zimbabwe. Zimbabwe przyjęło zasady wolontariatu pracowniczego i autonomii w sposób radykalny, a kobiety były w tym okresie pomijane. Należy do tego wrócić.

Niemniej jednak, jak każda inna teoria stosunków pracy, podejście systemowe ma swoje własne braki. Dunlop, który jest głównym zwolennikiem teorii systemów, nie wykazał się motywacją do tworzenia zasad w stosunkach pracy. Na przykład rząd niechętnie synchronizuje sekcje 104 ust. 3 lit. a), które odbierają legitymację strajkowi, który swój początek zawdzięcza sporowi o prawo, 106 i uzgodnione 107, które przyznają prawo do wydania nakazu zaprzestania strajku ministrowi, 109, które nakładają na nielegalnych strajkujących obowiązek ścigania, 110 i 112, które opracowują sankcje ustawy o pracy z art. 65 ust. 3 dokumentu konstytucyjnego w celu nadania pełnej skuteczności prawu do strajku. W Zimbabwe ustawa o pracy została potępiona jako odzwierciedlenie różnych skal sprawiedliwości, która jest przechylona na korzyść kapitału kosztem pracy. Szare strefy i luki w ustawie o pracy są źródłem trudnej sytuacji pracowników. Dlatego teoria systemów pomija motyw tworzenia zasad w stosunkach pracy. W związku z tym teoria systemów może być postrzegana jako niejednoznaczne ramy, które pokazują wzajemne oddziaływanie między podmiotami i zmiennymi istniejącymi w różnych ustawieniach 31.

Paradygmat systemowy odgrywa zasadniczą rolę w wyjaśnianiu interakcji pracowniczych. Pod tym względem podmioty, kontekst środowiskowy i zasady stanowią podstawę stosunków pracy w Zimbabwe. ZCTU jest głównym organem pracy w Zimbabwe, który walczy o uznanie pracy i demokrację w tym kraju. Ministerstwo Pracy jest również podmiotem działającym w charakterze jednego

pełnomocnicy rządowi, którzy nadzorują wdrażanie uczciwych praktyk pracy, rozwiązywanie sporów pracowniczych i przekazywanie spraw do arbitrażu. Co więcej, ustawa o pracy jest zbiorem przepisów regulujących stosunki pracy. Dlatego też podejście systemowe ma zastosowanie do stosunków pracy w Zimbabwe.

e) Teoria Pluralistyczna

Teoria pluralistyczna zakłada, że organizacja składa się z grup o rozbieżnych interesach, zasadach i celach. Konflikty wynikają z różnych wartości, które są właściwe dla danej organizacji [32]. W tym względzie pracodawcy i pracownicy mają różne wartości. Konflikty są postrzegane jako endemiczne, rozsądne i funkcjonalne w organizacjach. W stosunkach pracy w Zimbabwe zauważalne są konflikty, na przykład zwolnienia w spółce Zuva Petroleum oraz uzgodnione szerokie zwolnienia, na co zwrócono uwagę w poprzednich dyskusjach.

Pluraliści uważają, że po konfliktach jest nadzieja, ponieważ są one rozwiązywane poprzez kontakty, negocjacje zbiorowe i porozumienia. W stosunkach pracy w Zimbabwe negocjacje zbiorowe są centralnym punktem w kształtowaniu warunków i zasad zatrudnienia, jak przewidziano w sekcji 75 ustawy o pracy.

Teoria pluralistyczna wyraźnie aprobuje związki zawodowe. Związki zawodowe zapewniają zgodną z prawem kontrolę i równowagę w zakresie prerogatyw pracodawców. Teoria ta zakłada, że z konkurencji pochodzi współpraca [33].

Teoria ta ma zasadnicze znaczenie dla uznania obecności konfliktów w stosunkach pracy. Teoria pluralistyczna miała na celu usunięcie luk pozostawionych przez model unitarystyczny [34]. Konflikty nie dotyczą jednak samego kapitału i pracy, ale państwa, jak również zauważalne w Zimbabwe [35]. ZCTU było złośliwym przeciwnikiem rządu prezydenta Mugabe w latach 90-tych, który niezmiennie kwestionował jego politykę [36]. Dlatego też model pluralistyczny nie uwzględniał w pełni stosunków między państwem a organizacjami pracowniczymi jako źródła konfliktu.

Wniosek

Modele marksistowski, pluralistyczny, systemowy i unitarystyczny stanowią dla nas spójny zestaw, który pomoże nam skontekstualizować stosunki pracy w Zimbabwe. Stosunki pracy w Zimbabwe charakteryzują się różnymi podmiotami, które cieszą się równym poważaniem. Co więcej, konflikty na pewno pojawią się wszędzie tam, gdzie istnieje stosunek pracy. Powyższe teorie nie odnoszą się jednak do wpływu instytucji rodziny na stosunki pracy.

Dlaczego Wolontariat Pracy iutonomia

Instytucja rodziny jest podstawą wolontariatu pracowniczego i autonomii, ale nie zostało to w pełni omówione w literaturze. Ponadto organizacje wolontariatu pracowniczego zajmują się kwestiami związanymi z masłem i chlebem, a trudna sytuacja kobiet została w tym okresie pominięta. W tym kontekście kobiety pracujące stoją w obliczu podwójnego zagrożenia ze strony patriarchatu w domu i sprzęgieł kapitalizmu w miejscu pracy. Co więcej, gospodarka polityczna musi być brana pod uwagę, jeśli chodzi o stosunki pracy, ponieważ ponosi ona ciężar tych pierwszych, na przykład rozprzestrzenianie się "związków sprzedawców" jest wynikiem nienormalnych stosunków pracy, które są w dużej mierze narzucone przez gospodarkę polityczną.

Wolontariat pracowniczy i autonomia w stosunkach pracy w Zimbabwe to odległa perspektywa ze względu na nieustanne wtrącanie się sił zewnętrznych, takich jak rząd, kapitał i partie polityczne. Co więcej, prawo do rokowań zbiorowych i prawo do strajku są nieuchwytne, mimo że stanowią instytucjonalne mechanizmy w centrum wolontariatu pracowniczego i autonomii. Obecnie rozdział 28.01 ustawy o pracy pozostawia wiele do życzenia i został wygodnie wykorzystany przez partię rządzącą poprzez ogromną większość parlamentarną do wspierania jej interesów.

Rząd Zimbabwe stosuje podwójne standardy w stosunkach pracy w odniesieniu do sektora publicznego i prywatnego. Pracownicy sektora publicznego podlegają przepisom ustawy o służbie publicznej, która daje im prawo jedynie do konsultacji 37. Przeciwnie, pracownicy sektora prywatnego mają prawo do negocjacji zbiorowych i prawo to jest sankcjonowane przez art. 75 ustawy 38 o pracy. Pracownicy sektora publicznego są uprzedzeni w odniesieniu do korzystania z wolontariatu pracowniczego i autonomii.

W wyniku wyroku Sądu Najwyższego z 17 lipca pracownicy zostali wyraźnie zwolnieni, a parlament zmienił ustawę o pracy, aby uwzględnić wsteczne stosowanie prawa, co ma daleko idące konsekwencje, biorąc pod uwagę fakt, że przedsiębiorstwa znajdują się w trudnej sytuacji w kontekście gospodarki, a wymuszanie spraw byłoby kwaśne w stosunkach pracy, a zamykanie działalności gospodarczej byłoby nieuniknione, ponieważ siła robocza już wtedy przekraczałaby możliwości poszczególnych przedsiębiorstw. W związku z tym zmiany w ustawie za pośrednictwem ustawy HB7 z 2015 r. uczyniły cuda, stosując ją z mocą wsteczną jedynie w celu realizacji programów politycznych. Co więcej, pracujące kobiety są nadal w szponach patriarchatu, a to wynika z instytucji rodziny. Ten fundamentalny aspekt został przeoczony przez badaczy afrykańskich stosunków pracy, którzy w sposób radykalny przyjęli mało i stopniowo osiągali zachodnie standardy w ich ustalaniu. Gospodarka Zimbabwe gwałtownie spada, co ma również negatywny wpływ na stosunki pracy. Od tego czasu rząd podjął zdecydowane działania w celu ustabilizowania gospodarki, co doprowadziło do pojawienia się nowego kapitału z Chin i wielu przypadków tłumienia pracy. Od tego czasu pojawiają się doniesienia, stąd też wolontariat pracowniczy i autonomia to w dużej mierze wyobrażenia niż rzeczywistość. W badaniu analizuje się również spadek wykorzystania prawa do strajku jako prawowitego berła w walce z miejscami pracy i uprzedzeniami społecznymi w okresie od 2000 do 2015 roku.

ROZDZIAŁ 2

Pochodzenie i rozwój ruchu robotniczego w Zimbabwe

Wolontariat pracowniczy i autonomia w Zimbabwe są niezbędne dla rozwoju ruchu robotniczego. Należy koniecznie prześledzić pochodzenie ruchu od jego możliwie najdalszych początków, aby móc podsumować wpływ, jaki ma on na obecny teren stosunków pracy. Podstawowe cechy wolontariatu pracowniczego i autonomii, które obejmują organizacje wolontariackie będące związkami zawodowymi, prawo do tworzenia komitetów pracowniczych, prawo do dobrowolnych rokowań zbiorowych i prawo do strajku, zostaną przeanalizowane w dalszej części tego rozdziału. Demokracja jest warunkiem wstępnym dobrowolności i autonomii pracy ze względu na fakt, że prawo do organizowania się i wspólnego działania może być utrzymane tylko w środowisku partycypacyjnym i pluralistycznym. Elementy te dostarczają nam spójnego pakietu, który pomoże nam zrozumieć wolontariat pracowniczy i autonomię, a tym samym oznaczać jego realizację.

Wolontariat pracowniczy i autonomię w Zimbabwe można określić mianem *przyjętej dwuwarstwowej tarczy*, która ma istotne znaczenie dla odwrócenia uwagi od niepotrzebnej ingerencji rządu i negatywnej dominacji kapitału. Afrykańskie systemy przemysłowe w radykalny sposób przyjęły wolontariat pracowniczy i autonomię oraz zignorowały znaczenie ważnych instytucji, takich jak rodzina w tym okresie.

Czarni pracownicy w założonej kolonii mogli organizować się tylko w stowarzyszeniach pogrzebowych, organizacjach religijnych i towarzystwach pomocy wzajemnej w związkach rolniczych [39]. Świadczy to o tym, że wolontariat pracowniczy i autonomia nie były znane czarnym pracownikom najwcześniej do połowy kadencji tego reżimu. Towarzystwa pogrzebowe nie dały czarnym pracownikom głosu, by domagali się uczciwych praktyk pracy i jednorazowego wynagrodzenia. Niektórzy badacze stosunków pracy uważają organizacje religijne i towarzystwa pogrzebowe za podstawę czarnego unizmu [40]. W latach 60-tych XX wieku prawo do tworzenia związków zawodowych zostało przyznane czarnym pracownikom, ale byli oni tłumieni ze względu na to, że wspierali nacjonalistycznych przywódców [41]. Pokazuje to, że unijna cecha, jaką jest liberalizacja mas i demokratyzacja polityki, nie jest zjawiskiem nowym. Niektórzy uczeni uważają strajk z 1965 r. za pierwszą falę bojówek na czarno przeciwko nieuczciwym praktykom pracy reżimu Todda [42].

Z drugiej strony, niektórzy uważają strajk z 1948 r. za masowy ruch obejmujący pracowników różnych sektorów i za wydarzenie, które zapowiadało czarną milicję 43.

Oczekiwano, że niepodległość Zimbabwe przyniesie równe szanse w stosunkach pracy niezależnie od rasy i orientacji seksualnej. Niemniej jednak niewiele uwagi poświęcono pracującym kobietom, co doprowadziło do utrzymujących się nierówności, które zaczynają się na poziomie rodziny. Kobiety afrykańskie znajdują się na obrzeżach stosunków pracy, a ich udział wynosi 17% 44. Jest to odzwierciedlenie struktury kolonialnej, która charakteryzowała się trudną sytuacją czarnych kobiet, która emanowała z płci i rasy. Jak na ironię, rząd Zanu PF przyjął niektóre z polityk administracji kolonialnej.

Stosunki pracy w latach 80. kształtowały się w latach 2000-2015. W latach 80-tych Zimbabwe było projektowane jako państwo jednopartyjne z ZCTU jako bardziej zbliżone do partii rewolucyjnej 45. Wielu badaczy stosunków pracy podpisuje się pod paternalizmem obecnego reżimu w latach 80., twierdząc, że Albert, brat prezydenta Mugabe był sekretarzem generalnym ZCTU w latach 1980-86, co miało spacyfikować związkowy dysydent 46. Pokazuje to, że autonomia ruchu pracowniczego została naruszona, ponieważ nie mógł on przemawiać niezależnym głosem. Integracja ruchu zawodowego z kapitałem i jego słabą administracją podważyła jego funkcje i integralność organizacyjną 47. Wyczuwalny związek między rządem a ruchem robotniczym był sposobem na ograniczenie prawa do strajku, ponieważ było to uważane za przeszkodę w rozwoju. Powiązania między rządem Zanu PF a ruchem robotniczym mogą być postrzegane jako produkt walki o niepodległość, którą oboje rozstrzelali 49 Jest oczywiste, że przywódcy ruchu pracy na czarno w czasach kolonialnych stali się później nacjonalistycznymi przywódcami, którzy zapoczątkowali walkę wyzwoleńczą w Zimbabwe 50. Zdawali sobie sprawę, że spełnienie życia nie powinno być realizowane tylko przez zorganizowaną pracę, ale przez zmianę reżimu osadniczego, który był inwazyjny w każdym aspekcie społeczeństwa.

50. Gwisai. M (2006) Prawo pracy i zatrudnienia w Zimbabwe, stosunki pracy w warunkach neokolonialnego kapitalizmu, Harare, Centrum Pracy w Zimbabwe i Instytut Prawa Handlowego.

Zmiana kierownictwa w strukturach ZCTU spowodowała bezprecedensowe wyzwanie dla polityki rządu ze strony ruchu robotniczego. Rok 1985 jest powszechnie uważany za próg, przy którym krytyczne *oko* unionizmu zaczęło wychodzić poza zwykłe kwestie związane z masłem i chlebem do kwestii zarządzania [51]. Nie zostało to przyjęte z zadowoleniem przez rząd Zanu PF i wspólnie z nim oddzieliło się od ZCTU. Wkrótce po odzyskaniu niepodległości rząd Zanu PF podjął socjalistyczną politykę, która miała na celu osiągnięcie wzrostu gospodarczego, który miał się zakończyć sukcesem. W pewnym stopniu przyczyniło się to do spowolnienia gospodarczego w Zimbabwe [52]. Polityka socjalistyczna Zimbabwe osłabiła gospodarkę, a jej wpływ był odczuwalny przez szeroką siłę roboczą [53]. Polityka socjalistyczna była uzasadniona, ponieważ miała na celu zapewnienie sprawiedliwości społecznej ludziom, którzy jej nie znali, ale decydenci polityczni powinni byli obliczyć strategię, która mogłaby utrzymać gospodarkę i jednocześnie osiągnąć sprawiedliwość społeczną. Mogliby zacząć od projektów, które dają zyski gospodarce, czego przykładem jest spóźniona polityka indigenizacyjna, która stara się ożywić gospodarkę.

Rząd Zimbabwe przyjął ESAP z zadowoleniem w 1991 r. jako środek ostateczny, mający na celu reanimację upadającej gospodarki. Gospodarczy program dostosowania strukturalnego sprowokował siłę roboczą Zimbabwe, ponieważ pociągnął za sobą oszczędności, które wiązały się z masowymi cięciami w sektorze publicznym oraz obniżeniem wartości dolara Zimbabwe [54]. Dewaluacja dolara Zimbabwe ograniczyłaby dochody pracowników we wszystkich sektorach i była nieuchronnie źródłem bojówek pracowniczych. To między innymi spowodowało, że ZCTU stało się zaciętym przeciwnikiem rządu Zanu PF, co potwierdza niezliczona ilość strajków, które zostały odnotowane w 1997 roku i objęły aż do sektora zdrowia [55].

Milicja pracownicza została dodatkowo sprowokowana przez wysłanie wojsk do DRK przez prezydenta Mugabe w warunkach niestabilnej gospodarki krajowej [56]. ZCTU walczyło o przejrzystość w latach 90. i dzięki temu uzyskało status społeczeństwa obywatelskiego.

Jest oczywiste, że przywódcy związkowi zdawali sobie sprawę, że walka z polityką rządu poprzez ruch zawodowy nie zmienia okoliczności i postanowili utworzyć partię polityczną. Wielu badaczy stosunków pracy uważa kształtowanie się MDC z ruchu robotniczego za cios dla dobrowolności i autonomii pracy ze względu na polityczne powiązania między nimi od początku istnienia [57]. Polityka wpływa na wolontariat pracowniczy i autonomię. Ruchy pracownicze, które istnieją w Afryce Subsaharyjskiej, mają charakter polityczny, co jest kosztowne dla siły roboczej [58]. Jeśli związki zawodowe zaczną wspierać partie polityczne, interesy pracowników zostaną zastąpione interesami partii politycznej.

Utworzenie ZFTU w 1998 roku może być postrzegane jako działanie zmierzające do pozbawienia ZCTU członkostwa w tej organizacji przez polityków ZANU PF. Jest to poparte popularną mantrą głoszoną kiedyś przez Josepha Chinotimbę, ówczesnego sekretarza generalnego ZFTU. Uważa się, że sekretarz generalny powiedział, że albo trzeba było należeć do ZFTU, albo opuścić kraj.

Zmiany, które zostały wprowadzone do ustawy o pracy poprzez fragmentaryczne poprawki z 2002 i 2005 roku, są również powszechnie postrzegane przez polityków jako czysto polityczne działania mające na celu zwabienie głosów w omawianych latach. Art. 18 ust. 2b ustawy o pracy został zmieniony w 1994 r., aby zapewnić wypłatę nie mniej niż 75 procent pełnego wynagrodzenia dla kobiet przebywających na urlopie macierzyńskim, a zmiana z 2002 r. nie uwzględniała tego dla lepszych [59]. Niemniej jednak zmiana z 2005 r. była stopniowa w tym sensie, że obecnie przewiduje urlop macierzyński za pełnym wynagrodzeniem. Pokazuje to, że zmiany w prawie pracy mają na celu jedynie do pewnego stopnia przyciągnięcie pracowników do głosowania na partie polityczne w czasie wyborów. Nowelizacja ustawy o pracy w 2015 r. była strategią opracowaną w okresie poprzedzającym wybory w 2018 r. Proponowany projekt ustawy jest bardziej kapitalistyczny niż poprzednia ustawa, ponieważ przewiduje dwutygodniowe wynagrodzenie za każdy rok służby [60]. Jest to możliwe ze względu na niepewność zatrudnienia, która pojawia się w Zimbabwe. W okresie od 2009 r. do 2013 r. rząd MDC został powołany na mocy globalnego porozumienia politycznego i był postrzegany jako szansa na nadzieję w kontekście inflacja, pogarszający się standard życia i przemoc wyborcza z 2008 r., która zagroziła zawodom rzekomych dysydentów w sektorze publicznym i ogólnie bezpieczeństwu ludzi. Globalne porozumienie polityczne nie tylko uzurpowało sobie prawo do ogólnej woli, ale także wymusiło zapomnienie o robotnikach przez MDC, który jak na ironię pochodził z ruchu robotniczego [61]. Ten brak woli politycznej zaowocował powszechnymi zwolnieniami w 2015 roku, które zwiastowała Zuva Petroleum i poparciem jej działań przez Sąd Najwyższy.

Gdyby tylko unionizm był autonomiczny w Zimbabwe, ekstensywne zwolnienia w 2015 r. nie ujrzałyby światła dziennego, ale zostałyby dawno temu udaremnione przez naciski i lobbing związków zawodowych w celu zmiany szarych stref w świetle sekcji 12, jak wskazano powyżej, niestety ruch zawodowy nigdy tego nie zauważył.

Członkostwo w Unii również się zmniejsza i przewiduje się, że trend ten nie ulegnie osłabieniu, biorąc pod uwagę, że związki sprzedawców rozrosły się. Statystyki MOP za rok 2005 przewidują, że do roku 2005 w sektorze nieformalnym mieszkało już 3-4 miliony osób, a w sektorze formalnym tylko około 1 miliona trzystu pracowników. Z powodzi w sektorze nieformalnym wynika, że bezrobocie utrzymuje się na stałym poziomie [62]. Jest to wyraźny dowód na to, że gospodarka Zimbabwe znalazła się w stanie krytycznym. Atmosfera otaczająca rok 2000 do 2015 jest intensywnie podgrzewana w miarę wygaszania prawa do strajku. Strajk z 2006 r. jest odosobnioną zbiorową akcją na rzecz pracy w latach 2000. i temu dążeniu ZCTU do poprawy warunków pracy przeciwdziałała fizyczna wiktymizacja liderów związkowych przez rząd [63]. Niektórzy badacze stosunków pracy uważają, że masowy pobyt w 2007 r. i interwencja armii w celu zastraszenia pracowników jest ciosem w demokrację [64]. Zniewolenie głosu pracy jest inwazyjne dla demokracji. Unia jest centralnym punktem demokracji i aby ta ostatnia mogła rozwijać wolontariat pracowniczy i autonomię, należy nadać jej skuteczność [65]. W związku z tym w stosunkach pracy w Zimbabwe jest jeszcze wiele do życzenia.

Wniosek

W okresie od 2000 do 2015 roku nastąpiło przejście od rażącego stłumienia unizmu przez rząd i porwania tych instytucji przez polityków do pojawienia się niepohamowanego kapitału, który jest wspierany przez rząd i monopolu instytucji sądowych przez rząd w celu obalenia decyzji sądowych, aby zyskać popularność wśród elektoratu.

ROZDZIAŁ 3

POLITYKA PRZEMYSŁOWA

Przemysł to drobna polityka lub państwa, które powinny cieszyć się suwerennością, aby mogły funkcjonować tak, jak powinny. Przemysł wyprzedza państwo polityczne, dlatego też w sprawach dotyczących stosunków pracy powinien panować ten pierwszy. Prymitywny człowiek miał wrodzone poczucie przemysłu, ponieważ nauczył się czerpać przetrwanie z natury, która go otaczała. Natura inspirowała kreatywność w człowieku i dostępność pewnych surowców i ekspozycji zaszczepiła umiejętności u różnych prymitywnych osób, co zaowocowało specjalizacją. Specjalizacja sprawiła, że wzajemna zależność, handel i zatrudnienie stały się koniecznością, na przykład kowal potrzebował rolnika i odwrotnie.

Stosunki w polityce przemysłowej są inicjowane przez umowę o pracę, podobnie jak umowa społeczna, która składa się na anatomię państwa. W systemie międzynarodowym inne państwa odgrywają jedynie rolę strażnika, który zapewnia utrzymanie demokracji. W tym samym duchu, rząd powinien odgrywać jedynie rolę wspomagającą w stosunkach pracy i nie powinien wtrącać się w próby zduszenia zbiorowej woli stron w stosunkach pracy. W tym względzie należy nadać moc prawną wolontariatowi pracowniczemu i autonomii. Teoria polityki przemysłowej jest przesłanką autora uzasadniającą potrzebę dobrowolności pracy i autonomii w stosunkach pracy.

Pracownik poświęca dużą część swojego czasu na pracę i staje się w tej kwestii przemysłowym obywatelem [66]. Obywatelstwo przemysłowe wiąże się z prawami, które są określone w statucie danego kraju. Prawa te powinny być realizowane dla obywateli branży, aby mogli prowadzić satysfakcjonujące życie. W Zimbabwe prawa, które budują wolontariat pracowniczy i autonomię, są uznawane i chronione przez konstytucję i ustawę o pracy, niemniej jednak ich realizacja jest do pewnego stopnia nieuchwytna w stosunkach pracy w Zimbabwe. Ruch robotniczy w Zimbabwe zachował swój potencjał jako siła wyzwalająca od końca lat 80. do 2012 r. [67]. Jednak okres od 2000 do 2015 roku prezentuje nam ciągłą i swoistą walkę o wolontariat pracowniczy i autonomię wśród równie nowych i starych taktyk rozwadniania wolontariatu pracowniczego i autonomii przez agencje rządowe i kapitał.

Neo liberalne ataki na pracę i autorytarne rządy reżimu ZANU PF były powszechnie uzupełniane przez brutalne represje polityczne [68]. Wolontariat pracowniczy i autonomia są obszernie ujęte w międzynarodowych konwencjach dotyczących pracy oraz w ustawie o pracy w Zimbabwe. Sekcja 65 Konstytucji zapewnia nam spójny pakiet tego, co oznacza wolontariat pracowniczy i autonomia, który obejmuje prawo do przynależności do związku zawodowego, jak podano w sekcji 65 ust. 2, prawo do uczestnictwa w działaniach zbiorowych w dziedzinie zatrudnienia, jak podano w sekcji 65 ust. 3 oraz prawo do dobrowolnych rokowań zbiorowych, jak podano w sekcji 65 ust. 5 lit. a) [69].

Elementy wolontariatu pracowniczego i autonomii, które obejmują dobrowolne negocjacje zbiorowe i prawo do zbiorowych działań na rzecz zatrudnienia, są zazwyczaj badane wybiórczo przez naukowców. Struktura i charakter stosunków pracy sprawiają, że wolontariat pracowniczy i autonomia stają się koniecznością. Głównym zadaniem kapitalistycznej elity jest monopol procesów pracy w celu uzyskania maksymalnej nadwyżki wartości poprzez przekształcenie pracy w wydajność pracy [70]. ZFTU było obliczonym przez rząd schematem rozcieńczania tętniącej życiem ZCTU przed nadejściem nowego tysiąclecia, w sprawie roku 2000 [71]. Sytuację dodatkowo pogorszyły zawirowania gospodarcze, które utrzymują się od 1997 r. i które spowodowały ucieczkę pracowników, co doprowadziło do utraty członkostwa w związkach zawodowych. Do końca 1997 roku około trzech milionów osób, czyli jedna czwarta całej populacji, wyemigrowało do innych krajów tylko do 2009 roku [72]. Jest to krytyczna część, która wpłynęła i nadal wpływa na władzę związkową. Rozwój wolontariatu pracowniczego i autonomii był wyraźny w latach 90., w których odnotowano ok. 184 przypadki aktywizmu od 1990 r. do 97 w porównaniu z 80. latami, w których odnotowano tylko 38 słabych strajków [73]. Słabą siłę roboczą lat 80. można przypisać brakowi wiedzy na temat funkcji związkowych i przesłanek do rokowań zbiorowych pracowników [74]. Pokazuje to, że pracownicy, w tym pracownicy sektora nieformalnego, tacy jak pracownicy gospodarstw domowych, powinni być kształceni w zakresie zasad dobrowolności i autonomii pracy.

Rząd Zimbabwe jest głównym pracodawcą w Zimbabwe i oczywiste jest, że rewolucjoniści, którzy kierują poziomami władzy, przyjęli kapitalistyczny charakter epoki kolonialnej.

chociaż teoretycznie uważają się za socjalistów. Pracownicy sektora publicznego w dużej mierze podlegają ustawie o służbie publicznej, która daje im jedynie niejasne prawo do konsultacji [75]. Okres od 1990 r. do chwili obecnej jest powszechnie nazywany fazą neoliberalnej globalizacji, która jest zdominowana przez kapitalistyczną prywatyzację aktywów [76]. Pod tym względem Program Dostosowań Strukturalnych Gospodarczych z 1992 roku jest punktem zwrotnym i zasadniczym współczesnej struktury, w której prywatyzacja została przyjęta jako panaceum na zagrożoną gospodarkę i upadek społeczny. W omawianym okresie w pewnym stopniu ujawnił się wolontariat pracowniczy i autonomia. ESAP jest jedną ze zmiennych, które wymagały aktywizacji zawodowej w latach 90-tych [77]. Rząd jest w tarapatach z kapitałem, co nadal negatywnie wpływa na dobrowolność pracy i autonomię.

W latach 2000-2015 wiele aktów prawnych w równym stopniu promowało i zwalczało wolontariat pracowniczy i autonomię. Należą do nich: ustawa o zmianie ustawy o pracy z 2002 r., ustawa o pracy nr 7 z 2005 r., klauzula 28:01 ustawy o pracy oraz zmiana nr 5(HB7) ustawy o pracy z 2015 roku. Nowa poprawka do ustawy o pracy daje również referendarzowi nieograniczone uprawnienia w klauzuli "jak referendarz uważa za zdolnego do egzekwowania", która odnosi się do zarządzania strukturami związkowymi [78]. Jest to sprzeczne z postanowieniami konwencji MOP o wolności związkowej i ochronie praw związkowych, której Zimbabwe jest sygnatariuszem, a konwencja ta ściśle wymaga, aby związki zawodowe były dobrowolne. Dlatego też ustawy przewidują dobrowolność i autonomię pracy, ale czynią ją nieuchwytną poprzez sprzeczne przepisy [79].

Jak pokazuje okres od 2000 r. do 2015 r., praca znajduje się pod ciągłym napięciem w rękach rządu. W tym względzie art. 18 ustawy o pracy nadal stanowi, że kobieta, która trzykrotnie korzystała z urlopu macierzyńskiego u jednego pracodawcy, nie ma prawa do urlopu macierzyńskiego. Ponadto art. 104, 106, 107, 109, 110 i 112 ustawy o pracy osłabiają prawo do strajku. Z historycznego punktu widzenia, wolontariat pracowniczy i autonomia nie były znane czarnym robotnikom w reżimie kolonialnym, a następnie, po uzyskaniu niepodległości do 1986 roku, państwo miało charakter korporacyjny i ostatecznie, od 1986 roku, związkowi przyznano nieco autonomii [80]. Pomimo faktu, że siła robocza odegrała kluczową rolę w uzyskaniu niepodległości Zimbabwe, napięcia z nacjonalistami na temat jego autonomii pozostały niesłabnące i przeniosły się na okres po wojnie. okres kolonialny [81]. Ruch zawodowy jest potencjalnym zagrożeniem dla rządu ze względu na fakt, że niewłaściwe administrowanie wpływa na gospodarkę i interakcje w zakresie zatrudnienia, ponieważ nastąpiłaby utrata zatrudnienia i spadek dochodów.

Podsumowując, wolontariat pracowniczy i autonomia są niezbędne, aby pojedynczy pracownik mógł przezwyciężyć to, co Karol Marks nazwał alienacją, która przedstawia pracownika jako oderwanego od swojej pracy i produktu jego trudów [82]. Marks oznaczał, że ubóstwo robotnika zwiększa jego bogactwo i tym bardziej jego produkcja zwiększa jego margines siły [83].

Neo liberalizm SAP lat 90. i autorytaryzm reżimu ZANU PF, który przyczynił się do utraty władzy przez pracę, odzwierciedla alienację [84]. Konieczność nie zna granic, dlatego też należy chronić wolontariat pracowniczy i autonomię, ponieważ dobrostan i godność pracownika w społeczeństwie jest główną motywacją, która stoi za jego zaangażowaniem w stosunek pracy. Oświadczenie Sutcliffa, które mówi, że" *usanete mushandi usanete! QinaMusebenziQina!* ("Praca powinna być stanowcza"), który wyraził w trzech głównych językach używanych w Zimbabwe, mówi głośno i stanowczo wzywa pracownika do podjęcia dobrej walki i podniesienia przede wszystkim przeszkód w jego autonomii [85].

Wniosek

Zachodnie standardy pracy miały zostać przyjęte przez rząd Zimbabwe w momencie uzyskania niepodległości ze względu na fakt, że nieuczciwe praktyki pracy podyktowane liniami rasowymi w epoce kolonialnej zostały uznane za wyprzedzone przez wydarzenia. Mimo to, wolontariat pracowniczy i autonomia mogą być nadal postrzegane jako marzenie. W okresie od 2000 do 2015 roku w stosunkach pracy w Zimbabwe miały miejsce dramatyczne wydarzenia. Utrzymano fragmentaryczne zapisy w ustawie o pracy, co wpłynęło na dobrowolność i autonomię pracy. Prawo do strajku zajmuje obecnie, inaczej niż w latach 90., peryferyjne miejsce w stosunkach pracy.

ROZDZIAŁ 4

Związek zawodowy i demokracja

Związek zawodowy jest instytucjonalnym mechanizmem, który uruchamia koła wolontariatu pracowniczego i autonomii. Niemniej jednak, aby związki zawodowe mogły zdać sobie sprawę z pełnego efektu wolnych rokowań zbiorowych i prawa do strajku, powinny one być autonomiczne. We współczesnej historii Zimbabwe pracownicy i związki zawodowe przejęły dowództwo jako autonomiczny głos publiczny na rzecz sprawiedliwości i równości [86]. Industrial Commercial Workers Union (ICU) jest typowym związkiem zawodowym działającym na rzecz równości wobec niesprawiedliwości białych rządów ery kolonialnej [87]. Ten punkt przedstawia związkowość zawodową jako ciągły impuls społeczeństwa obywatelskiego, ponieważ odzwierciedla on mandat wyzwolenia całego społeczeństwa, a nie tylko bezpośredniego dobrobytu pracowników. Kilka badań nad demokratyzacją w Afryce nie uwzględnia istoty związkowego charakteru przestrzeni politycznej krajów wyzwalających [88]. Pod tym względem środowiska demokratyczne stwarzają warunki dla wolontariatu pracowniczego i autonomii. Związki zawodowe mogą wnieść do społeczeństw demokrację, jak zauważono w przypadku Zimbabwe.

Związki zawodowe są ogólnie znane jako organizacje wolontariackie, które są organizowane przez pracowników poprzez ich prawo do organizowania się. Związki zawodowe zawsze były postrzegane jako stałe, dobrowolne stowarzyszenie pracowników w celu utrzymania i poprawy stanu ich życia zawodowego [89]. Dlatego też wolontariat pracowniczy i autonomia są warunkiem wstępnym dobrowolnego działania, które nie jest celem, lecz proceduralnym środkiem odwracającym niezdrową ingerencję zewnętrzną od kapitału i rządu, a ostatecznie umożliwiającym robotnikom prowadzenie satysfakcjonującego i godnego życia. Komitety pracownicze służą jako główne przewody na poziomie hali produkcyjnej, ale nie są traktowane z należytym szacunkiem w Zimbabwe ze względu na fakt, że nie mają prawa do widowni w sądzie [90]. Dlatego też komitety pracownicze są ważne dla zapewnienia przestrzegania dobrowolności i autonomii pracy na co dzień na poziomie zakładu. Do wolontariatu pracowniczego i autonomii podchodzą uczeni z różnych wymiarów, które są w dużej mierze wybiórcze. Karol Marks postulował, że jeśli związki zawodowe chcą skutecznie realizować swoje cele, nie powinny angażować się w działalność partii politycznych ani pozwalać im na premię za swoją działalność wolontariacką [91].

W tym względzie oświadczenie Karola Marksa definiuje w sposób jednoznaczny wolontariat pracowniczy i autonomię, ponieważ podkreśla on znaczenie niezależności związków zawodowych [92]. ZCTU udowodniło, że jest spójną i ciągłą organizacją, ponieważ od czasu uzyskania niepodległości w 1980 r. [93] roku reprezentuje interesy pracowników. W związku z tym ciągłe istnienie z jednej strony zaspokaja status związku zawodowego, a z drugiej strony świadczy o stopniowym rozwoju ruchu pracowniczego.

ZCTU było silne w tworzeniu krytycznego dystansu do reżimu Zanu PF [94]. Przekonanie o oderwaniu się od rządu było miarą oderwania się od autorytarnych tendencji i wicehrabiego reżimu [95]. Niektórzy badacze stosunków pracy są zdania, że związek ZCTU z reżimem był czysto paternalistyczny w latach 1980-1986 [96]. Niemniej jednak niektórzy szukają punktu wyjścia, twierdząc, że wczesny ruch robotniczy nie był całkowitym przedłużeniem rządu [97]. Pod tym względem ZCTU jako puls ruchu robotniczego nieustannie walczyło o uzyskanie głosu niezależnego od rządu od momentu uzyskania niepodległości, co zauważyły zmiażdżone strajki w latach 1980 - 81.

Znaczący rozwój zanotowano na przełomie drugiej dekady, kiedy to pracownicy zaczęli strajkować, a ZCTU zaczęło oceniać proces tworzenia polityki publicznej. Praca w Zimbabwe stanowiła antyneoliberalną i prodemokratyczną agendę z ESAP i bezrobociem jako impulsem [98]. W tym okresie odnotowano wiele strajków, co wyraźnie świadczy o dobrowolności pracy i autonomii na szczeblu krajowym. Strajki pielęgniarek i lekarzy oraz innych urzędników państwowych w 1996 r. wyraźnie wskazują na rozwój ruchu robotniczego w latach 90-tych [99]. Strajki te były sposobem na wyrażenie niezadowolenia z powodu złych warunków pracy, niskich dochodów i złych wyników, które były spowodowane oszczędnościami w ESAP na początku lat 90-tych i które były nadal odczuwalne. W związku z tym ZCTU stało się związkiem zawodowym w centrum ruchu robotniczego, ponieważ dążyło do równości w stosunkach pracy i pluralizmu w polityce.

W trzeciej dekadzie niepodległości praca straciła na znaczeniu, ponieważ partia rządząca zaczęła przyjmować drastyczne środki mające na celu zwiększenie władzy. W 2000 r. rząd rozpoczął kosmetyczną reformę gruntów, nie mając solidnych podstaw, aby poprzeć pozornie szlachetną ideę wartości nominalnej, co spowodowało, że ZCTU straciło znaczną część swojego członkostwa w utworzonej gospodarce rolnej [100]. Rok 2000 do 2015 można określić jako dekadę nieobliczonej polityki i podporządkowania się Ruchowi Pracy [101]. Represyjne ustawy zostały również wprowadzone przez rząd w celu kontrolowania stosunków pracy, co zagrażało dobrowolności i autonomii pracy w tym okresie.

Fora pracy i głosy sprzeciwu zostały stłumione w latach 90. przez rząd, który uznał je za zagrożenie 102. Pokazuje to, że związki zawodowe stoją w obliczu walki z rządem w trzeciej dekadzie niepodległości.

Obecny teren stosunków pracy zdominowany jest przez dwa organy parasolowe, którymi są ZCTU i ZFTU, które powstały pod koniec lat 90-tych. W okresie od 2000 do 2015 r. związki zawodowe straciły grunt pod nogami z powodu wielu czynników wynikających z gospodarki politycznej, tłumienia przepisów prawnych, zmian w prawie pracy, które są napędzane przez politykę, wyraźnej interwencji rządu oraz pojawienia się niepohamowanego kapitału, który jest wspierany przez sądownictwo. Nowa konstytucja ma żałosną ochronę pracowników 103. Pomimo tego, że nowa konstytucja już obowiązywała, po wyroku Sądu Najwyższego z 17 lipca 2015 r., który stanowił inwazyjny impuls, niesprawiedliwość była popełniana przez pracodawców reprezentujących sektor prywatny i publiczny. W nowym tysiącleciu, w sprawie roku 2000, rząd Zimbabwe podjął drastyczne działania w celu spacyfikowania poprzednich lojalistów, którzy wypadali z miłości do partii, do której należą byli bojownicy i członkowie partii. Reforma gruntowa została radykalnie wprowadzona jako kwestia pilnej potrzeby utrzymania chwiejnej bazy wsparcia i miała charakter kosmetyczny 104. Niektórzy badacze stosunków pracy są zdania, że napady na gospodarstwa rolne spowodowały, że ZCTU straciło część swoich członków 105. Niepowodzenia instytucjonalne związane z funkcjonowaniem związków zawodowych wśród pracowników gospodarstw rolnych sprawiły, że ZCTU nie było w stanie skonsolidować harmonii z pracownikami gospodarstw rolnych w latach 2000-106. Niemniej jednak, nie zostało ujawnione, że nowi właściciele czarnych gospodarstw są konserwatywni i nie chcieliby, aby ich pracownicy byli oświeceni, jak to ogólnie obserwuje badacz. To jest zapomniana praca, która jeszcze nie ujrzała światła dziennego wolontariatu i autonomii.

Okoliczności towarzyszące 2000 r. odzwierciedlają, że siła przetargowa związków zawodowych zmniejszyła się w tym okresie, co w oczywisty sposób stanowiło przeszkodę dla ich władzy i autonomii, ponieważ władza jest istotnym atrybutem autonomii. Negocjacje zbiorowe są najbardziej rozwiniętym zbiorowym głosem pracowników w ramach dyktatu prawa krajowego i międzynarodowego 107. Negocjacje zbiorowe muszą być prowadzone w dobrej wierze, aby osiągnąć wolontariat pracowniczy i autonomię. Prawo krajowe i międzynarodowe dąży do promowania wolontariatu pracowniczego i autonomii, co pokazuje jego znaczenie w stosunkach pracy.

Utrata władzy związkowej jest wynikiem historycznego rozwoju. ZCTU powstało w represyjnym państwie, które odziedziczyło po kolonialistach 108. Niektórzy badacze stosunków pracy są zdania, że ZCTU było oddziałem pracowniczym partii rządzącej, podobnie jak skrzydło młodzieżowe czy kobiece w Zanu PF 109. Zwłaszcza bezpośrednio po uzyskaniu niepodległości w latach 1980-1986 wolontariat pracowniczy i autonomia były nieuchwytne, ponieważ ciężka ręka partii rządzącej walczyła o jej wolność. Przywódcy weteranów starali się kontrolować unię i wyznaczyli Alberta Mugabe, brata prezydenta, na sekretarza generalnego, aby zapewnić o niezachwianej lojalności 110. W rezultacie nie przeprowadzono praktycznie żadnej kontroli rządu, a skutki niesłusznie obliczonej polityki z populizmem jako motywacją w postaci usankcjonowanych przez rząd subsydiów nadal silnie obciążają gospodarkę i społeczeństwo od 2000 r. do czasu napisania przez autora. Dlatego też związki zawodowe muszą być niezależne od sił zewnętrznych, w tym od rządu i kapitału.

Polityka inwazyjnie wpływa na dobrowolność pracy i autonomię. Jeśli związki zawodowe starają się realizować swoje zadania, nigdy nie powinny być przywiązane do organizacji politycznej ani pozostawać pod jej kontrolą. W drugiej dekadzie niepodległości, która trwała od 1990 do 2000 roku, nastąpił pozytywny rozwój stosunków pracy w odniesieniu do wolontariatu pracowniczego i autonomii, ponieważ ZCTU zaczęło domagać się niezależnego głosu i kwestionować politykę rządu. Niektórzy badacze stosunków pracy uważają, że kongres ZCTU w 1985 r. wezwał do niezależności, która miała zostać zrealizowana w latach 90. z Tsvangirai z kopalni jako sekretarzem generalnym, podczas gdy inni uważają lata 90. za próg pozytywnego rozwoju stosunków pracy ze względu na fakt, że stanowił on antyneoliberalną agendę. Wraz z nadejściem nowego tysiąclecia w 2000 r. ZCTU robiło kolosalne kroki, które wykraczały poza kwestie masła i chleba, aby pokryć demokratyzację polityki.

Ruch na rzecz Demokratycznych Zmian powstał z inicjatywy kierownictwa ZCTU. Praca i społeczeństwo obywatelskie odegrały istotną rolę w procesie demokratyzacji polityki Zimbabwe. ZCTU stało się jednak w dużym stopniu nawrócone, ponieważ zaczęło być manipulowane przez MDC jako bardziej rozbudowane, walcząc o swoją niezależność. Blisko wyborów w 2002 r. ZCTU zrezygnowało z zarządzania związkiem i nadało priorytet prowadzeniu kampanii na rzecz MDC pod groźbą pracy 111. Niemniej jednak, niektórzy naukowcy są zdania, że ZCTU pozostało niezależne, ale zostało niesprawiedliwie ukuty przez ZANU PF jako rozszerzenie MDC, aby skompromitować jego przyczynę. Gospodarka Zimbabwe straciła na znaczeniu częściowo w wyniku programu reformy rolnej i konsekwencji wynikających z późniejszych sankcji gospodarczych, co oznacza, że zmniejszył siłę przetargową związków, ponieważ oznaczało to, że były one zobowiązane do dostosowania się do wyników poszczególnych branż 112. Spadek inflacji w 2008 r. o ponad 231 mln procent wynikał z szeregu zmiennych, w tym z lekceważenia głosu związku 113. Rząd powinien brać pod uwagę punkty widzenia ruchu zawodowego, ponieważ jest on kluczową częścią społeczeństwa obywatelskiego.

Rząd Zimbabwe wprowadził w życie POSA i AIPPA, które są powszechnie postrzegane jako polityka prowadzona przez elity, mająca służyć kaprysom rządu, mającym na celu konsolidację władzy. Kolejne akty prawne, które obejmują POSA i AIPPA z 2002 r., zostały uchwalone w celu zniechęcenia do pracy zorganizowanej i wspólnych działań 114. Rozdział 11.17 ustawy o porządku i bezpieczeństwie publicznym z 2002 r. nadal uznaje za przestępstwo prawo do organizowania się bez zachowania należytej staranności, a nielegalna akcja strajkowa została uznana za atrakcję do odpowiedzialności karnej.

W trzeciej dekadzie niepodległości nastąpił spadek siły ruchu robotniczego. Chociaż polityka w zakresie reformy rolnej przyciągnęła zarówno pozytywne, jak i negatywne oceny, to jednak w perspektywie wolontariatu pracowniczego i autonomii w pewnym stopniu osłabiła siłę związków zawodowych. Miały zostać wprowadzone mechanizmy amortyzujące pracę w przesiedlanych gospodarstwach, czego przykładem może być edukowanie nowego pracodawcy i pracownika gospodarstwa w zakresie uczciwych praktyk pracy. Rząd Zimbabwe uznał za stosowne narzucenie surowych warunków w celu stłumienia głosu sprzeciwu i w 2005 r. wezwał do uporządkowania miasta *Murambatsvina*, co powszechnie uważa się za "polityczną sztuczkę", która miała być dogodnym rozwiązaniem dla zwolenników opozycji, a społeczeństwo obywatelskie nie zostało oszczędzone przez tę przeciąganke polityki 115. Operacja "Murambatsvina" z 2005 r. spowodowała przymusowe wysiedlenie dużej liczby pracowników nieformalnych i nisko opłacanych pracowników formalnych z nielegalnych chatek na obszarach miejskich i zmusiła ich do przeniesienia się na obszary wiejskie 116. Następnie w latach 2006 i 2007 nastąpił gwałtowny spadek wartości dolara Zimbabwe, który wyraźnie wpłynął na administrację związkową, sprawiając, że należności związkowe stały się nietrwałe. Utrata wartości produkcji oznaczała dla pracownika stratę w dochodach.

Rok 2008 i jego dzikie kocie wydarzenia polityczne doprowadziły do powstania GNU, które było porozumieniem politycznym między MDC i ZANU PF, mającym na celu przerwanie przemocy powyborczej w 2008 r., a związki zawodowe z zadowoleniem przyjęły to posunięcie jako szansę na nadzieję w trudnych czasach. Niemniej jednak okres ten, obejmujący lata 2009-2013, został przedwcześnie przyjęty z zadowoleniem, ponieważ od momentu wejścia opozycji do rządu jej przywódcy zaczęli realizować swoje interesy, a partia Zanu PF zadbała o to, by ich stanowiska pozostały kosmetyczne. Niektórzy naukowcy uważają, że GPA jako frustrujący i zbliżający się kompromis polityczny [117]. Nie było to przedmiotem długiej dyskusji w literaturze, a kiedy Gwisai uformował okres od 1990 r. do dnia dzisiejszego Neo Liberalna Globalizacja [118], jego uogólnienie było nadmiernie nieuzasadnione. Okres ten wymaga intensywnych poszukiwań w odniesieniu do rozwoju ruchu robotniczego w Zimbabwe, ponieważ walka o czystą władzę polityczną zdominowała ten okres w porównaniu z dawnym neo liberalizmem, który został utrwalony przez ESAP i który stał się nieodłącznym elementem stosunków pracy.

Okres od 2008 do 2015 roku był nieco korzystny dla związków zawodowych i pracowników, ponieważ wprowadzenie dolara amerykańskiego do systemu monetarnego umożliwiło trwałe inwestycje. To upoważniło związki zawodowe do walki o wolontariat pracowniczy i autonomię do pewnego stopnia, ponieważ składki związkowe stały się całkiem trwałe. Ten korzystny klimat dla stosunków pracy rozszerzył się na czwartą dekadę. Niemniej jednak w 2015 r. miały miejsce nieprzewidziane wydarzenia, które przybrały charakter nieokiełznanego kapitału, który zrobił to, co uważał za stosowne, a jego działania zostały zatwierdzone przez sądy. Powszechne zwolnienia, które nastąpiły po wyroku Sądu Najwyższego z 17 lipca, wynikały z szarej strefy w ustawie o pracy, w sprawie § 12. Uzasadnia to dodatkowo badanie wolontariatu pracowniczego i autonomii w Zimbabwe, ponieważ te szare strefy w ustawie o pracy muszą zostać zlikwidowane.

Rząd pozostawia w ustawodawstwie szare obszary do przyszłych manipulacji. W wyroku Sądu Najwyższego dla pracowników naftowych w Zuvie nastąpiło przejście od rażącego stłumienia działalności związkowej przez rząd i uprowadzenia tych instytucji przez polityków do powstania kapitału, który jest wspierany przez sądownictwo i monopol instytucji sądowych przez rząd ZANU PF, aby obalić decyzje sądów w celu zdobycia popularności wśród pracowników, którzy są również wyborcami w uroczystych wyborach [119]. W odpowiedzi ustawodawca zmienił ustawę o pracy w taki sposób, aby uwzględnić wsteczne stosowanie przepisów w obliczu presji ZCTU na udzielanie pracownikom wytchnienia. Wywołało to wiele napięć pomiędzy i tak już zdesperowanymi pracownikami a organizacjami, które mają problemy z wykonywaniem pracy. Wydarzenia, o których mowa, odpowiadają przesłance unitaryzmu, która przewiduje, że współczesny unitaryzm charakteryzuje się osłabieniem władzy związkowej i wzmocnieniem prerogatywy zarządzania [120].

Przepis nowelizacyjny, który uwzględnia wsteczne stosowanie prawa, wydawał się być szlachetnym i konstruktywnym motywem rządu, aby osiągnąć sprawiedliwość społeczną, niemniej jednak w dłuższej perspektywie doprowadzi to w istocie do zubożenia pracowników.

Wynika to z faktu, że przedsiębiorstwa osiągają słabe wyniki z powodu trudnej sytuacji gospodarczej Zimbabwe, a kiedy są zmuszone nie zwalniać pracowników. których nie mogą dłużej podtrzymywać, likwidacja byłaby jedynym środkiem ostatecznym dostępnym dla organizacji. W związku z tym zmiany dotyczące pracy w 2015 r. były do pewnego stopnia inwazyjne dla wolontariatu pracowniczego i autonomii. Słabość działania związków zawodowych, gdy szkoda została już wyrządzona, została wykazana przez te wydarzenia. Marks zaatakował związki zawodowe, że są bardziej defensywne niż reaktywne, a związki zawodowe w Zimbabwe nie są oszczędzone od tego szaleństwa [121]. Środki mające na celu odciążenie pracowników od tych niekorzystnych warunków, które zawsze stanowią uzasadnienie badania, należy przewidywać przyszłość, wykorzystując jako podstawę historię i obecne trendy.

Wolontariat pracowniczy i autonomia poprzez prawo do organizowania się pozostają stłumione niezależnie od tego, że pracownicy walczyli o jego realizację w różnych społeczeństwach i na przestrzeni dziejów. W epoce kolonialnej w Zimbabwe prawo do organizowania się nie zostało przyznane, a jeszcze gorzej było z czarnymi, którzy nie byli uważani za faktycznych pracowników posiadających prawa pracownicze. W epoce kolonialnej godne miejsca pracy i odpowiednie warunki pracy robotnika, do których zalicza się praktykanta i pracownika, były wyłącznie dla białych [122]. W większości ustawień, związki zawodowe są na głowie z rządem [123]. Historia związkowości zawodowej charakteryzuje się konfrontacją nie tylko przeciwko pracodawcom w sprawie warunków pracy i wynagrodzenia, ale także przeciwko rządom o prawo do utrzymania się [124]. Stosunki pracy w Zimbabwe można podzielić na cztery fazy, na które składają się: pierwotna akumulacja, która charakteryzowała się wywłaszczaniem majątku należącego do rdzennych czarnych przez białych kolonialistów, korporatyzm pod panowaniem państwa kolonialnego, który rozciągał się od 1930 do 1980 roku, postkolonialny korporatyzm państwowy, który istniał od 1980 do 1990 roku i ostatecznie neoliberalna globalizacja, która obejmuje okres od 1990 roku do dnia dzisiejszego [125].

Prymitywna akumulacja wiązała się z generowaniem kapitału poprzez oszustwa, siłę i inwazję, na przykład pierwsza Chimurenga z późniejszym wywłaszczeniem ziemi. Jest oczywiste, że wolontariat pracowniczy i autonomia były zupełnie nieznane rdzennej ludności. Druga faza, którą określa się mianem kolonialnego korporatyzmu państwowego osadnika, jest uważana za impuls dla współczesnego wolontariatu pracowniczego i autonomii. Chociaż interakcje w produkcji nadal opierały się na rasie, ustawa z 1959 r. o postępowaniu pojednawczym w przemyśle oraz ustawa o fabrykach i zakładach pracy dały czarnym pracownikom miarę dobrowolności [126]. ICA posiadała przepisy, które promowały sprawiedliwość w stosunkach pracy. Postkolonialny korporatyzm państwowy jest trzecim etapem, w którym w 1981 roku powstał czarny związek zawodowy w imieniu ZCTU. Niemniej jednak, rząd kolonialny zachował ciężką rękę, a jedyny istniejący związek był tylko przedłużeniem partii Zanu PF.

ZCTU z końca lat 80. jest czasami nazywana papierowym tygrysem, jak wskazano w poprzednim omówieniu 127. Ostatnią fazą jest neoliberalna globalizacja, która przyniosła nadejście gospodarki opartej na zasadach wolnego rynku pod auspicjami kontrowersyjnego ESAP z 1992 r. i późniejszego ZIMPRESTU. Negatywne skutki gospodarcze i społeczne programu dostosowania strukturalnego dla gospodarki spowodowały nasilenie działań bojowych, które były napędzane przez związki zawodowe. W latach 90. związkowość zawodowa miała niezwykły zapał, a pobyt i strajki, które trwały przez cały ten okres, dały rządowi trudny okres 128 lat. Milicja związkowa przyznała pracownikom odszkodowania i deklaracje praw 129. Niemniej jednak, wraz ze zbliżaniem się nowego tysiąclecia, rząd zaczął zacieśniać stosunki pracy.

Nadejście nowego tysiąclecia przyniosło wprowadzenie przez rząd represyjnych przepisów, takich jak POSA i AIPPA. POSA zostało uchwalone w celu kontroli dobrowolności i prawa do organizowania 130. Historia stosunków pracy w Zimbabwe pokazuje, że wolontariat pracowniczy i autonomia to w dużej mierze wyobrażenia niż rzeczywistość, co współgra z obecnym stanem rzeczy, choć lata 90. były w pewnym stopniu korzystne.

ROZDZIAŁ 5

Prawo do strajku

Prawo do strajku jest podstawą dobrowolności i autonomii pracy. Autonomia odnosi się do prawa do strajku w tym sensie, że pracownicy będą niezależni w podejmowaniu decyzji o ewentualnym wycofaniu się z pracy bez obawy przed odwetem, uciążliwymi technicznymi procedurami i nieuzasadnionymi karami. Prawo do strajku można określić jako legalną broń, która sprawia, że pracownicy są traktowani nawet przez swoich pracodawców, a ostatecznie zapewnia równy podział władzy między pracownikami i pracodawcą [131]. Prawo do strajku zmusza pracodawcę do rozsądnej renego negocjowania z pracownikami po tym, jak pracodawca nie wykazałby się racjonalnością w negocjacjach zbiorowych. Wolontariat pracowniczy i autonomia oznaczają prawo do organizowania i tworzenia organizacji pracowniczych, a akcje strajkowe są w dużej mierze wykonywane przez związki zawodowe jako organizacje ochotnicze. Pod tym względem związkowość zawodowa jest instytucjonalnym mechanizmem, który zapewnia propagowanie wolontariatu pracowniczego i autonomii. Zgodnie z ustawą o pracy tylko zarejestrowany związek zawodowy ma prawo do rozpoczęcia strajku, a każdy inny strajk przeprowadzony poza dyktatem danego prawa jest bezzasadny i ostatecznie pociągałby za sobą odpowiedzialność karną.

Warto zauważyć, że prawo do strajku jest zagwarantowane w konstytucji Zimbabwe. Artykuł 65 ust. 3 stanowi, że każdy pracownik ma prawo do zbiorowych działań w miejscu pracy, które obejmują prawo do strajku i wycofania się z pracy [132]. Wolontariat pracowniczy i autonomia są chronione tym przepisem w tym sensie, że konstytucja jest najwyższym prawem Zimbabwe.

pochodzących od całego narodu Zimbabwe. Oświadczenie Rousseau o woli generalnej, w którym stwierdza się, że "każdy poddaje się wszystkim, nie poddaje się nikomu", pokazuje, że przepis ten nie został narzucony przez siły zewnętrzne [133]. Niemniej jednak ten sam przepis osłabia prawo do zbiorowych działań w miejscu pracy, pozbawiając *podstawowe usługi tego* samego prawa.

Retoryka *usług podstawowych* nie jest zjawiskiem nowym, lecz zapożyczonym z epoki kolonialnej. W epoce kolonialnej praktycznie wszystkie sektory zostały uznane za niezbędne, a prawo do strajku było wyraźnie niedopuszczalne [134]. Rząd UDI w 1965 r. uznał za konieczne stłumić czarną bojówkę na wszelkie możliwe sposoby i w ten sam sposób rząd Zanu PF zebrał i przymocował te same kawałki *kolonialnych łańcuchów,* aby stłumić głosy sprzeciwu i uciszyć krzyk o uczciwą grę w stosunkach pracy. Prawo do strajku jest ograniczone przez ustawę nr [135]. W związku z tym utrudnienia dla wolontariatu pracowniczego i autonomii wynikają w pewnym stopniu z historii kolonialnej.

Ustawa o pracy wraz z niezbędnymi zmianami, które zostały wprowadzone w kolejnych nowelizacjach, została wykorzystana do regulowania stosunków pracy od 2000 do 2015 roku na mocy przepisu aktu prawnego o szczegółowości i specjalizacji, w odróżnieniu od konstytucji. Nieuchronnie orzecznictwo w zakresie prawa pracy jest rozstrzygane w większym stopniu w oparciu o ustawę niż o Konstytucję, stąd też wyrok Sądu Najwyższego z 17 lipca został wydany po rozstrzygnięciu w sprawie ustawy i prawa powszechnego. Wyraźnie widać, że układy zbiorowe funkcjonują tylko wtedy, gdy obawy pracowników do pewnego stopnia pokrywają się z interesami pracodawców. Przypadek Zimbabwe Energy Workers Union (ZEWU) i ZTEA (ZESA Technical Employees Association), które skonfrontowały się ze spółką ZESA w sporach prawnych dotyczących niesprawiedliwych zwolnień, jest wyraźnym dowodem na to, że negocjacje zbiorowe są w pewnym stopniu nieskuteczne [136]. W kwestii prawa do strajku, prawo jest przechylone na korzyść pracodawców, ponieważ prawo to jest praktycznie stłumione. Strajki przeprowadzone przez ZCTU w 2006 r. skłoniły rząd do zatrudnienia agencji bezpieczeństwa w celu stłumienia tego zjawiska [137]. Prawo pracy przedstawia współpracę i sprawiedliwość tylko na papierze [138]. W związku z tym badanie jest uzasadnione, ponieważ konieczne jest zbadanie, czy prawo pracy i jego mechanizmy instytucjonalne zostały zrównane z ziemią w celu osiągnięcia

sprawiedliwości społecznej, czy też zostały stworzone przez kapitalistów o prokuratorskich interesach.
Warto zauważyć, że ustawodawstwo jest proponowane i uchwalane przez polityków, stąd polityka determinuje stosunki pracy. Rząd dominuje w stosunkach pracy ze względu na fakt, że ma prawo do zatwierdzania lub odrzucania akcji strajkowej 139. Niemniej jednak równość powinna być motywacją do wprowadzenia w życie statutów regulujących stosunki pracy. Polityki władzy nie da się pogodzić z kwestiami, które odnoszą się do samego życia ludzi, dlatego też samowola polityków jest niezbędna do nadania pełnego wpływu na wolontariat pracowniczy i autonomię.

Ustawa o pracy dokonała znaczącej zmiany w historii stosunków pracy w Zimbabwe. W obecnym kontekście prawo do strajku jest przewidziane w art. 104 ustawy o pracy 140. W ustawie stwierdzono jednak, że prawo do strajku jest zgodne z prawem tylko wtedy, gdy wynika ono ze *sporu interesów*. Z drugiej strony, uzasadnione oczekiwania i podstawy, które są wbudowane w *spór o prawo, są bezzasadne* i stanowią puste podstawy do uzasadniania działań strajkowych. Co więcej, sam spór interesów jest negatywny z powodu technicznych aspektów proceduralnych, których dotyczy.

Pokazowa przyczyna i rozkazy utylizacji również tłumią prawo do strajku. Art. 106 konstytucji daje ministrowi prerogatywę do wydania strajkującym robotnikom nakazu ujawnienia przyczyny, dla której minister nie powinien wydać nakazu zaprzestania strajku 141. Jakby tego było mało, ustawa dalej wyklucza prawo do strajku dla podstawowych usług, jak podkreślono powyżej. W odróżnieniu od konstytucji, ustawa daje ministrowi prerogatywę do przepisywania niezbędnych usług, które uzna za konieczne. Według siódmego, ósmego, dziewiątego i dziesiątego sprawozdania Republiki Zimbabwe w sprawie Karty Praw Człowieka i Ludów, prawo do strajku jest nieważne, ponieważ praktycznie wszystkie sektory uważane są za kluczowe 142. Art. 108 ust. 4 stanowi, że pracodawca nie jest zobowiązany do wynagradzania pracownika za usługi, których nie świadczy on w trakcie strajku, mimo że jest to zgodne z prawem 143. Zniechęca to do korzystania z tego prawa, ponieważ pracownik nie może znieść utraty wynagrodzenia w tak trudnej sytuacji gospodarczej. Ograniczenie prawa do strajku zmniejsza autonomię i władzę pracownika, a z drugiej strony zwiększa władzę pracodawcy. Na przykład w 2015 r. pracodawcy z Zuva Petroleum zwolnili część swoich pracowników na podstawie powszechnie obowiązującego prawa do zwalniania pracowników za wypowiedzeniem. Skłoniło to rząd do nowelizacji art. 12 ust. 4 ustawy o pracy, co nastąpiło dość późno, gdyż szkoda została już wyrządzona. To dość ironiczne, że rząd również skorzystał z okazji, aby zwolnić pracowników ze względu na fakt, że trudno było utrzymać ich przy upadającej gospodarce. Losowe liczenia głów zostały przeprowadzone przez Komisję Służby Cywilnej, stanowiącą część rządu w służbie cywilnej w 2015 r., która skupiała się głównie na nauczycielach, a ZIMTA wyraziła zastrzeżenia co do przyjęcia przez rząd prawa konsultowania się z kolonialistami, które uważała za synonim stosunków niewolniczych i panów [144].Ci, których nie znaleziono w pracy, zostali bezzasadnie i na czas nieokreślony zawieszeni. Nauczyciele są urzędnikami państwowymi i podlegają ustawie o służbie publicznej, która daje im niejasne prawo do konsultacji [145].

W okresie od 2005 r. do 2007 r. wartość dolara Zimbabwe znacznie spadła, a w całym okresie, o którym mowa, dochody rozporządzalne uległy obniżeniu o [146] %. Pracownicy, którzy świadczyli swoje usługi przez cały ten okres upadku społecznego, nie otrzymali znaczącego wynagrodzenia. Nie miało to jednak miejsca w przypadku zaległości, które ci sami pracownicy są winni władzom centralnym i lokalnym, co przełożyło się na nieco nieracjonalne szacunki, mimo że niektóre osoby pracują w wymienionych sektorach. Nieskuteczność rokowań zbiorowych wykazana przez niezliczoną liczbę spraw kierowanych do arbitrażu pokazuje, że związki zawodowe stały się bezsilne w latach 2000-[147]. Arbitraż zastępuje dobrowolne negocjacje zbiorowe. Dlatego też badania te mają na celu zbadanie przyczyn uległości związków zawodowych w obliczu skrajnego pogorszenia sytuacji społecznej i gospodarczej.

Korzystanie z prawa do strajku rozciąga się poza trzy i pół dekady niepodległości, aby włączyć w to epokę kolonialną. Pracownicy powinni mieć prawo do strajku, aby zmusić pracodawców do sensownych negocjacji z nimi w celu osiągnięcia korzystnych dla obu stron wyników w stosunkach pracy. Z perspektywy marksistowskiej można ją określić jako integralny czynnik w przezwyciężaniu indywidualnej alienacji pracowników. Kiedy mówił o alienacji, Marks oznaczał, że stajemy się rozbici jako jednostki i odseparowani od naszych prawdziwych siebie [148]. W związku z tym, aby przezwyciężyć alienację pracowników, potrzebny jest wolontariat pracowniczy i autonomia.

Problem z prawem do strajku jest częścią kolonialnej przeszłości. Od czasów kolonialnych prawo do strajku nie było znane robotnikom czarnym, a ustawa z 1901 r. o Zarządzeniu Mistrza i Sług z 1901 r. legalizowała białych, by siłą zmuszać czarnych do pracy. Świadczy to o tym, że rdzenna ludność czarna nie znała dobrowolności i autonomii pracy w omawianym okresie 149. Rodezjański Związek Zawodowy Kolejarzy z 1916 r. zainicjował pierwszy strajk pod rządami osadników i został zainicjowany przez białych 150. Jednak strajki kolejowe z 1945 r., strajk Wankiego z 1954 r. i strajk generalny z 1948 r. albo dotyczyły czarnych pracowników, albo były inicjowane przez organizacje czarnych pracowników. Masowe strajki z 1962 r. były reakcyjnym posunięciem na przyjście konserwatywnej, małostkowej burżuazji pod przywództwem Frontu Rodyjskiego jako impuls do powstania nacjonalizmu 151. W pierwszej dekadzie niepodległości nie było znaczących strajków, głównie z powodu tego, że ZCTU było przedłużeniem rządzącej partii ZANU PF, a robotnicy nadal cieszyli się łupami niepodległości. Niektórzy uczeni uważają, że związkom zawodowym brakowało inicjatywy strajkowej w latach 1980-1981, a odosobnione strajki w tym okresie zostały surowo stłumione przez rząd ZANU PF 152. Twierdzenie to jest problematyczne do rozważenia w jakikolwiek poważny sposób, biorąc pod uwagę fakt, że w czasie niepodległości pracownicy byli zbyt roztargnięci co do wolności, aby protestować przeciwko nowemu rządowi, jednak oświadczenie to pomaga nam zrozumieć ułaskawienie unionizmu w tym czasie. Współcześni uczeni zwalniają z płacy minimalnej z lat 80. i wczesnych 90. jako paternalizm oczywisty dla rządu i ZCTU 153. Ustawa o stosunkach pracy została przyjęta przez niezależne Zimbabwe w całości, a jej pierwszą zmianę wprowadzono dopiero w 1985 roku. Pracownicy walczą o dobrowolność i autonomię od czasu pojawienia się stosunków pracy.

W drugiej dekadzie niepodległości odnotowano znaczące strajki odzwierciedlające pozytywny rozwój stosunków pracy. ZCTU zaczęło twierdzić, że jest niezależnym głosem w 1990 r., kiedy walczyło z rządową próbą utworzenia jednopartyjnego państwa 154. Dowodzi to, że Ruch Pracy w Zimbabwe od dawna troszczy się o demokratyzację polityki, która stwarza równe szanse w stosunkach pracy. Znaczące strajki były w latach 1996-1999 i zostały podsycone przez ZCTU, która później stała się liderem w tworzeniu Ruchu na rzecz Demokratycznych Zmian, jak podkreślono w poprzednich punktach. Strajk generalny z grudnia 1996 roku był dragnetem, w którym uczestniczyli nawet robotnicy rolni [155]. Strajki te wykraczały poza podstawowe usługi, w których w pełni uczestniczyli lekarze i pielęgniarki. Pod tym względem wolontariat pracowniczy i autonomia są widoczne w latach 90.

Ustawa nowelizacyjna o stosunkach pracy nr 17 z 2002 r. włączyła urzędników państwowych, chociaż nadal była represyjna w odniesieniu do prawa do strajku [156]. Inicjatywa rządu, aby zrobić to, co niemożliwe, nie jest nowa, ale tendencja, która została przyjęta w celu spacyfikowania milicji jako środka do zdobycia kapitału politycznego. Zmiany w ustawie o spółkach legalizowały przejmowanie przez pracowników spółek, które prowadziłyby niesprawiedliwe zwolnienia, aby przechytrzyć zyskującą na znaczeniu politycznym MDC [157]. Rząd ZANU PF skonsolidował władzę od momentu uzyskania niepodległości, stąd też ma wpływy w parlamencie. W 2005 r. doszło do cofnięcia się w czasie zmiany nr 7, polegającej na usunięciu z ustawy urzędników państwowych w niejasnych okolicznościach [158]. W sprawozdaniu Komitetu koordynowanym przez Lovemore'a Madhuku i inne osoby opowiedziano się za pełnym prawem do strajku, w tym za włączeniem do ustawy [159] urzędników państwowych. Komitet ten miał znaczenie dla nadejścia ustawy o pracy rozdział 28:01.

Zmiana polityki rządu w odniesieniu do polityki Look East i reformy rolnej przyniosła nowy kapitał odpowiednio z Chin i czarnych rolników komercyjnych. Chińscy właściciele firm cieszą się bezkarnością z powodu łamania prawa pracy, a elitarna reforma rolna stworzyła słaby kapitał, który wykorzystuje najbardziej nieludzkie praktyki pracy [160]. Odzwierciedla to poważny ciężar nieuczciwych praktyk pracy, którego doświadczają pracownicy.

Nieuczciwość utrwalana przez kapitał chiński jest widoczna w Spółce Górniczej Xin Yu z siedzibą w Gweru, która niechętnie reguluje zaległe wynagrodzenia z 2011 r. [161] Praca w gospodarstwach komercyjnych nie jest tak obca prawu pracy, a przepisy prawa pracy są również napisane w sposób niezrozumiały dla przeciętnego pracownika gospodarstwa. Te nieuczciwe praktyki pracy wiążą się z długimi godzinami pracy i dochodami, które w rzeczywistości nie są do dyspozycji, dlatego należy zbadać środki mające na celu rozwiązanie tych problemów.

W trzecim i czwartym dziesięcioleciu odnotowano pewne przypadki wykorzystywania przez rząd usług ochrony do uciszania głosu siły roboczej. Służby Bezpieczeństwa były architektami licznych zatrzymań, pobić i gróźb wobec działaczy na rzecz pracy [162]. Okoliczności związane z prawem do strajku są produktem historycznego rozwoju stosunków pracy.

Wniosek

Prawo do strajku jest podstawą wolontariatu pracowniczego i autonomii jako broni, która zmusza pracodawcę do rozsądnych negocjacji z pracownikami. Prawo do strajku powinno być wprowadzone w życie, aby umożliwić pracownikowi prowadzenie satysfakcjonującego życia.

ROZDZIAŁ 6

Nowy trend w akcji strajkowej

Stanowisko pracowników w sprawie wykonywania prawa do strajku

Autorka przeprowadziła kompleksowe badania, które były skierowane do pracowników sektora publicznego, sektora prywatnego i władz lokalnych w celu określenia stosunku pracowników do korzystania z prawa do strajku. Oczywiste jest, że przedmiotowe prawo stało się bardziej anathemą. Autor opracował pytania, których celem było przesiewanie danych wrażliwych w wyrafinowany sposób. Polegało to na tworzeniu kwestionariuszy w sposób dość pośredni, na przykład w celu poznania stosunku pracowników do akcji strajkowej, badaczka zapytała, czy pracownicy w kwestionariuszach kiedykolwiek rozpoczęli niezorganizowaną, indywidualną akcję strajkową, która obejmuje niszczenie maszyn przemysłowych, udawanie, że są chorzy, aby uniknąć pracy i samemu wywołać pewne urazy na swojej anatomii. Autor był przekonany, że podjęcie którejkolwiek z tych niezorganizowanych form akcji strajkowej będzie wyraźnym świadectwem tego, że niezorganizowana akcja strajkowa jest obecnie podejmowana jako środek ostateczny i rzeczywistość, którą można osiągnąć niż zorganizowana akcja strajkowa, która jest nieuchwytna i wyobrażona. Niemniej jednak nie można w pełni stwierdzić poza cieniem wątpliwości, że przypadki niezorganizowanej akcji strajkowej wynikają głównie z faktu, że pracownicy nie mogą rozpocząć zorganizowanej akcji strajkowej. W związku z tym pracownicy mogą podejmować działania, które mogą być pozornie niezorganizowane, takie jak udawanie, że są chorzy lub po prostu usprawiedliwianie się od pracy, aby zająć się osobistymi sprawami. Spośród 80 osób, które wypełniły kwestionariusze, 51 wskazało, że w pewnym momencie udawały chorego, 5 osób hartowało się maszynami do pracy, aby uniknąć pracy, 6 wskazało, że w pewnym momencie zraniły się, 14 wskazało, że w razie potrzeby zorganizują zbiorową akcję strajkową, a 4 wyraziły całkowitą obojętność wobec akcji strajkowej zorganizowanej lub innej.

Wykres ilustrujący nowy trend w akcji strajkowej

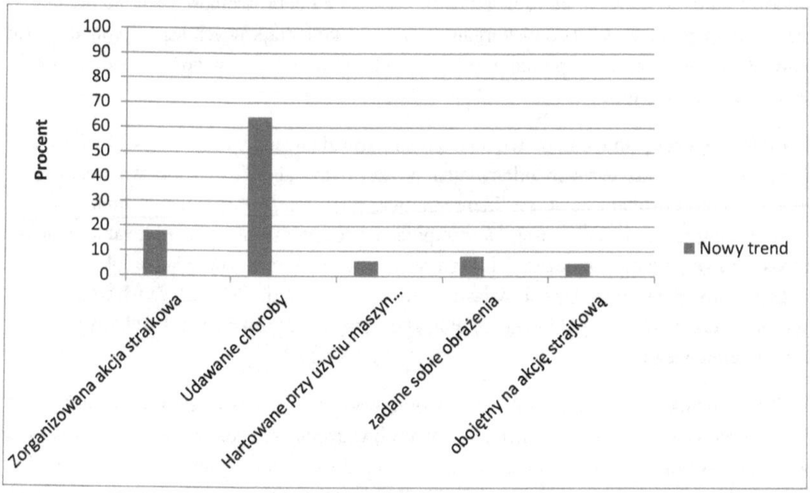

Rys. 6 pokazuje nowy trend w akcji strajkowej

Źródło: Główny

Nieorganizowana akcja strajkowa może być określana jako "nowy trend" w celu wyjaśnienia alternatywnej przyczyny działania do zorganizowanego strajku, która jest prawem na skraju wyginięcia. Jest bardzo prawdopodobne, że zorganizowana akcja strajkowa, która obejmuje prawo do wycofania się z pracy i podjęcia innych, podobnych do uzgodnionych kanałów wyrażania niezadowolenia w stosunkach pracy, została wyprzedzona przez wydarzenia. Wynika to najwyraźniej z zacieśnienia przez rząd kontroli nad stosunkami pracy w odniesieniu do wolontariatu pracowniczego i autonomii poprzez uchwalenie zniechęcających aktów prawnych, na przykład przepisu zawartego w ustawie o pracy, który przewiduje pokazową przyczynę i pisma o rozporządzaniu. W okresie od 2000 r. do 2015 r. prawo do strajku uległo zmniejszeniu w porównaniu z poprzednią drugą dekadą, która trwała od 1990 r. do 2000 r. Prawo to było popularne i bardziej dostępne dla pracowników w latach 90-tych, w przeciwieństwie do lat 2000-tych, które zostały przedstawione w rozdziale 2. Pod tym względem jest to dość ironiczne, jak zmieniły się wydarzenia. W latach 2000. mieliśmy do czynienia z najgorszym scenariuszem w historii stosunków pracy w Zimbabwe z powodu masowego bezrobocia, złej polityki wpływającej na pracę oraz nieuczciwych praktyk pracowniczych, które pojawiły się w niechętnych oczach rządu. Oczywiste jest, że rząd znalazł łatwy sposób na wkraczanie w dobrowolne działania pracowników poprzez dowolne zmiany w ustawie o pracy, która jest już i tak mocno przepełniona zniechęcającymi przepisami, bez dokonania należytej oceny. długookresowe konsekwencje. W świetle punktów omówionych w poprzednich rozdziałach, jest to nowy sposób ingerencji rządu, który negatywnie wpływa na dobrowolność i autonomię pracy. Uciekanie się przez pracowników do niezorganizowanych akcji strajkowych jest dowodem na to, że wolontariat pracowniczy i autonomia w okresie od 2000 do 2015 r. stanowiły większą część wyobrażenia niż rzeczywistość.

Autor podzielił przyczynę unikania prawa do akcji strajkowej na siedem czynników. Pracownicy różnych sektorów udzielili różnych odpowiedzi w szerokim zakresie czynników, do których należą: obawa przed odwetem ze strony kierownictwa, niepewność zatrudnienia, brak zaufania do systemu wymiaru sprawiedliwości, wyczerpująca procedura satysfakcjonowania strajku, nieznajomość prawa jako nieskutecznego i konserwatywnego. W tej sekcji władze lokalne, które zostały objęte próbą, w tym Urząd Miasta Marondera i Rada Miasta Zvishavane, były traktowane jako część sektora publicznego. Ponadto, Szpital Zvishavane był traktowany jako część sektora publicznego.

Spośród 62 pracowników objętych próbą w sektorze prywatnym, 7 wskazało, że obawiają się represji ze strony kierownictwa w przypadku przeprowadzenia strajku, 47 wyraziło obawy o bezpieczeństwo zatrudnienia, 10 wyraziło brak zaufania do systemu wymiaru sprawiedliwości, powołując się głównie na różne miary sprawiedliwości, które zostały wyważone w dniu 16 lipca wyroku Sądu Najwyższego, 4 wskazało na techniczne aspekty proceduralne, 2 uznało prawo za nieskuteczne, 9 wyraziło ignorancję, a 1 wyraziło konserwatywne podejście do problemów rządu.

Wykres ilustrujący czynniki, które odwodzą od prawa do strajku w sektorze prywatnym (poniżej)

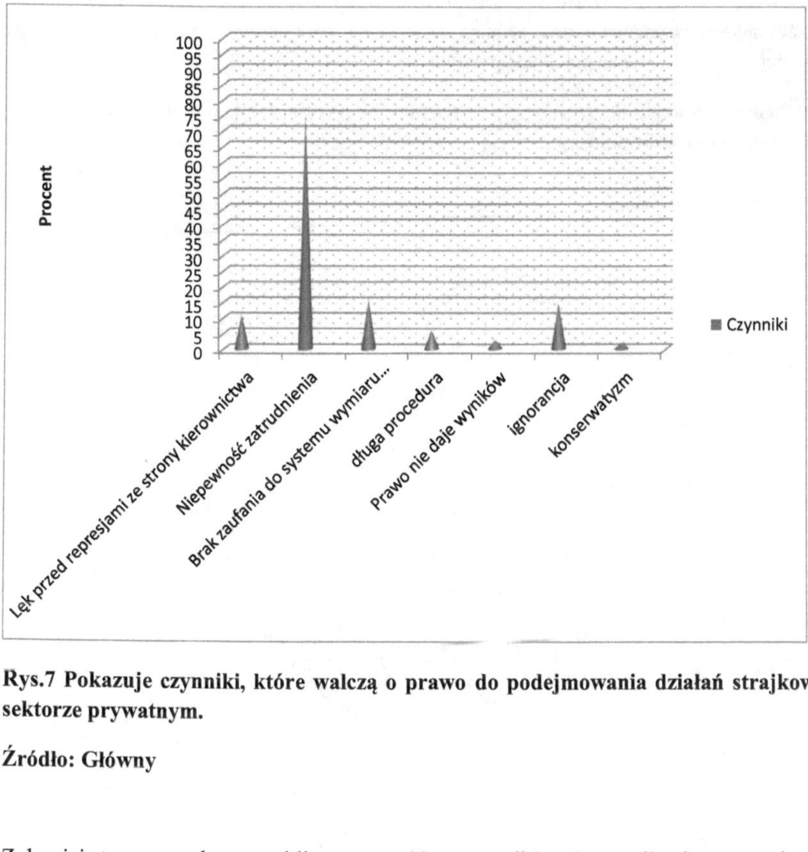

Rys.7 Pokazuje czynniki, które walczą o prawo do podejmowania działań strajkowych w sektorze prywatnym.

Źródło: Główny

Z drugiej strony, w sektorze publicznym, na 23 pracowników, 4 wyraziło obawę przed odwetem kierownictwa jako zniechęcenie do korzystania z prawa do strajku, 9 wyraziło obawy związane z bezpieczeństwem zatrudnienia, 2 wyraziło obawy związane z brakiem zaufania do systemu wymiaru sprawiedliwości, 2 wyraziło obawy związane z uciążliwymi technicznymi aspektami proceduralnymi, 1 potwierdziło, że prawo to nie działa, 2 potwierdziło ignorancję, a 3 wyraziło konserwatywność. Dane te pokazują, że w sektorze publicznym panuje konserwatyzm w odniesieniu do prawa do strajku, co prowadzi do pewnego fanatyzmu zakorzenionego być może w sposób, w jaki zapewniono by zatrudnienie. Ludzie ci czują, że są winni rządowi i wąsko partii rządzącej, dlatego podpisują się pod porzekadłem, że "nie można lekceważyć pochlebstw osoby karmiącej". jego". Z drugiej strony w sektorze prywatnym pojawiają się ludzie, którzy nie są dobrze poinformowani w sprawach związanych z wolontariatem i autonomią pracy, głównie ze względu na fakt, że niektóre przedsiębiorstwa działają na wąskich marginesach, a przepływ technologii informatycznych do ich miejsc pracy jest powolny.

Wykres ilustrujący czynniki zniechęcające do podejmowania działań w zakresie prawa do strajku w sektorze publicznym (poniżej)

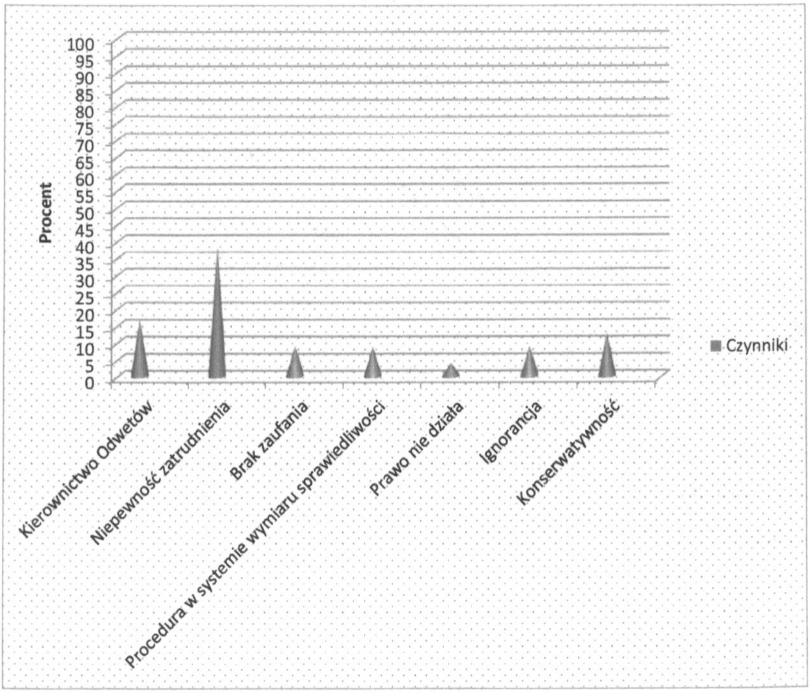

Rys. 8 Pokazuje czynniki, które walczą z prawem do strajku w sektorze publicznym.

Źródło: **Główny**

Szeroki zakres głównych przyczyn, takich jak stres gospodarczy i tendencje neo liberalne, walczy o prawo do strajku. Dowodzi to, że wolontariat pracowniczy i autonomia w stosunkach pracy w Zimbabwe są w większym stopniu iluzją niż rzeczywistością.

Wniosek

Nowy trend w działaniach strajkowych wynika z niechęci rządu do wprowadzenia w życie dobrowolności i autonomii pracy. Jest dość oczywiste, że rząd, który jest również pracodawcą, uwolnił łatwy sposób na zdobycie politycznego milczenia poprzez wykorzystanie odległych instrumentów prawnych, takich jak prawo powszechne, aby arbitralnie zwalniać pracowników i rzemiosła fałszywego wytchnienia poprzez zmianę instrumentów prawnych w celu uwzględnienia fragmentarycznego retrospektywnego stosowania prawa. W tym względzie jest to nowa strategia, którą mają do dyspozycji, redukująca wolontariat pracowniczy i autonomię do bezsensownego i nieskutecznego wysiłku. Chodzi o to, że rząd pozostawia w ustawodawstwie szarą strefę, pozostawiając miejsce na przyszłe manipulacje. Nie dokonano znaczącego wkładu w znalezienie środków mających na celu amortyzację pracy z nieubłaganych sprzęgieł kapitału i w rezultacie rządu. Co więcej, pojawienie się nowego kapitału ze Wschodu spowodowało nierówne stosowanie sprawiedliwości na korzyść kapitału chińskiego. Problemy te spowodowały konieczność zatrudniania siły roboczej. Kiedy prawo do strajku jest niedostępne dla pracowników, nie można skorygować tych błędnych nazw.

Czynniki wpływające na rozmieszczenie członków wśród związków zawodowych
Dane, które posłużyły do określenia czynników wpływających na członkostwo w związku, zostały zaczerpnięte z sektora publicznego i prywatnego. Wśród analizowanych firm są: Nelma Guest Lodge, MIMOSA Mining Company, Zuva Petroleum Company, Zvishavane Government Hospital, Zvishavane City Council i Municipality of Marondera.

W przedsiębiorstwach sektora prywatnego powszechne jest tworzenie związków zawodowych, a pracownicy tego sektora korzystają z większej autonomii i dobrowolności w porównaniu z ich odpowiednikami z sektora publicznego. ZCTU posiada dużą bazę członkowską w porównaniu z ZFTU, co wynika z różnych czynników. Ogólna siła robocza jest zdania, że cele i intencje ZCTU budzą zaufanie. Propaguje on interesy pracowników i miał przypadki udanych akcji strajkowych i układów zbiorowych pracy, które się opłaciły. Co więcej, ZCTU posiada solidną fundację zakorzenioną w pracownikach, ponieważ została utworzona z woli pracownika. Dlatego też własność jest największą siłą przyciągającą pracowników do związku. W ZCTU działa wiele związków zawodowych, które są do niej zrzeszone, na przykład ZURCWU, które reprezentuje pracowników podlegających władzom lokalnym, takim jak gmina Marondera i pracownicy Rady Miasta Zvishavane są zrzeszeni w ZCTU. Do ZCTU należą praktycznie wszystkie związki zakładowe władz lokalnych. Z drugiej strony ZFTU ma małe grono zwolenników i w większości są z nim powiązane osoby. Członkowie ZFTU są zdania, że jest ono zakorzenione w patriotyzmie i ma prawdziwy powód, aby wzmocnić pozycję pracowników.

ZCTU dominuje pod względem udziału w sektorze prywatnym, w przeciwieństwie do ZFTU, która ma duże znaczenie w sektorze publicznym. Tendencja ta wynika z faktu, że w pewnym stopniu pracownicy sektora publicznego zapewnili sobie zatrudnienie na zasadach partyzanckich i uważają przynależność do ZFTU za poprawną politycznie. Co więcej, ustawa o służbie publicznej po prostu sprawia, że wolontariat pracowniczy i autonomia w sektorze publicznym stają się nieuchwytne. Ta tendencja ma wpływ na autonomię pracy i dobrowolność.

Jednak związek ZFTU z partią Zanu PF i ZCTU z partią MDC kompromituje sprawę unionizmu. Niektórzy pracownicy nie chcą być związani z głównymi związkami, ponieważ wolą związek, który jest bliższy ich skargom i zwalniają liderów ZCTU i ZFTU jako zwierzęta polityczne i biznesmenów, którzy nie robią nic istotnego dla pracowników. Niektórzy pracownicy zaprzeczają również wszelkim pokrewieństwom z jakimkolwiek związkiem zawodowym i powołują się na nieograniczone zaufanie do związków jako repozytoriów interesów pracowniczych. Niektórzy pracownicy są przekonani, że nie należą do żadnego związku, ponieważ chcą zabezpieczyć się przed niskimi zarobkami. Jest to do pewnego stopnia uzasadnione, jeśli weźmie się pod uwagę fakt, że dochody rozporządzalne w sektorze publicznym pozostają na niskim poziomie w warunkach słabo funkcjonującej gospodarki. Nieefektywna gospodarka Zimbabwe negatywnie wpływa na wolontariat pracowniczy i autonomię, ponieważ pracownicy poświęcają korzystanie z prawa do oszczędzania pieniędzy.

Wykres Członkostwa pokazujący rozmieszczenie pracowników wśród związków zawodowych

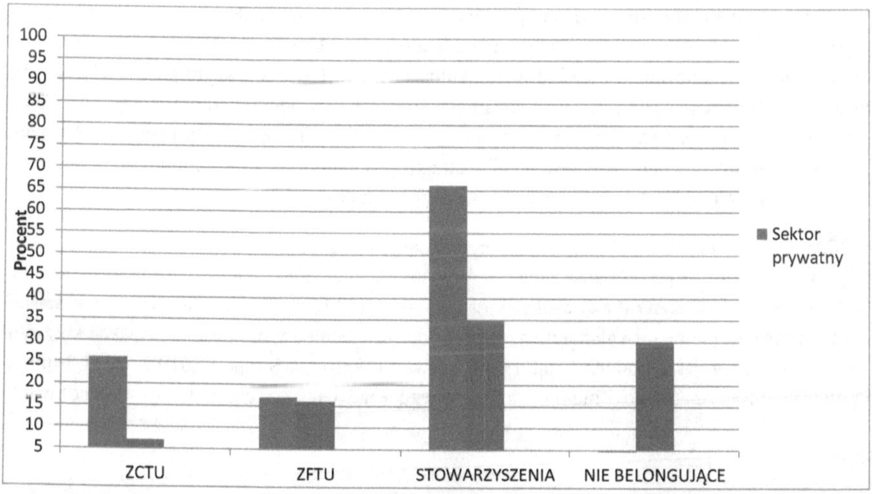

Rys. 5 ilustruje względny rozkład członkostwa w związkach zawodowych

Źródło: ***Główny***

Stosunki pracy i zarządzanie lokalne

Autorka zwróciła uwagę na rozwój stosunków pracy w samorządach lokalnych w stosunku do krajowego ruchu zawodowego. Władze lokalne są produktem decentralizacji władzy od rządu centralnego. Podstawową motywacją decentralizacji jest zapewnienie władzom lokalnym pewnej autonomii w kształtowaniu ich polityki i prowadzeniu codziennej działalności. Niemniej jednak, ich autonomia jest nieuchwytna ze względu na inwazyjność rządu centralnego, która przenika do działalności wolontariackiej związków.

Gmina Marondera jest władzą, która zarządza małym miasteczkiem Marondera, znajdującym się w sercu wschodniej prowincji Mashonaland. Ironia polega na tym, że jest to małe miasteczko o przełomowej polityce. Związki zawodowe zmagają się z utrzymywaniem się na powierzchni, ponieważ codziennie spotykają się z polityczną ingerencją sił zewnętrznych. ZURCWU jest związkiem zawodowym, który nadzoruje działalność wolontariatu pracowniczego w radach miejskich. Związek został utworzony w następstwie utworzenia pierwszego ZCTU w niepodległym Zimbabwe. Na poziomie zakładu, pracownicy są reprezentowani przez Związek Zawodowy Pracowników Gminy Marondera. Rzeczywista data powstania tego związku zawodowego jest różna: niektórzy pracownicy powołują się na rok 1987, a inni na wcześniejszy rok 1984. W tym czasie Związek Zawodowy Pracowników Gminy Marondera był związkiem stowarzyszonym ZCTU. Stosunki pracy w gminie Marondera rozwijały się wspólnie z krajową grupą lobbystów ds. pracy. Po uzyskaniu niepodległości ZCTU było uważane za skorumpowany ośrodek pracy, zmarnowany przez korupcję i autorytaryzm, co przyspieszyło jego upadek [163]. W związku z tym na początku lat 90. zakładowy związek zawodowy odłączył się od ZCTU, powołując się na niewłaściwe zarządzanie funduszami. Ujawniono również, że Związek Zawodowy Gminy Marondera uczestniczył w strajku generalnym w 1996 r., a w 2010 r. związek zawodowy zainicjował strajk, który nie miał jasnego programu.

W 2008 roku zarząd, który był politycznie związany z MDC, objął stanowisko i praktycznie wszystko zaczęło być upolityczniane. Wynagrodzenia były przyznawane zgodnie z przynależnością polityczną danej osoby w danym okresie. Mówi się, że radni MDC znajdowali się na pierwszym planie utrwalania nierówności i decydowania o tym, kto ma "uzyskać korzyści w jakim czasie i w jakiej naturze", jak mówi Laswell (1936) [164]. Strajk z 2010 r. trwał 9 dni, a odpowiedzialny za niego nie wydał żadnego nakazu o charakterze dowodowym.

Urzędnik w sprawie Ministra Pracy i Opieki Społecznej . Strajk był 9-dniowym bankietem, ale nie udało się ustalić źródła finansowania, a to wskazywało na fakt, że w grę wchodzą zewnętrzne elementy polityczne. Doświadczyliśmy tego w obliczu trudnej sytuacji gospodarczej w trzeciej dekadzie niepodległości. Doprowadziło to do chaosu w stosunkach pracy Rady, ponieważ sprawa robotników została obalona i zastąpiona przez czystą politykę. W czasie wyborów język polityczny niesie ze sobą dzień na zebraniach związku i posiedzeniach rady. Osoby w związkach i strukturach zarządzających porzucają język fair play w miejscu pracy i zastępują go językiem politycznym, co było powszechne w wyborach w 2013 roku, kiedy to językiem powitalnym były oświadczenia takie jak "bhoramugedhi" (mądrze głosować na rząd ZANU PF i mieć polityczną rację) i "bhoramusango" (głosować na opozycyjny MDC, aby pokonać szanse lub zmienić normy). W związku z tym polityka wpływa na premię za wolną wolę pracowników w praktycznie każdym sektorze korporacyjnego Zimbabwe, co sprawia, że wolontariat pracowniczy i autonomia są nieskuteczne.

Rada Miejska Zvishavane jest również samorządem lokalnym położonym zaraz po prowincji Midlands. Pracownicy podlegający radzie spotykają się dziś z różnymi utrudnieniami. W Zvishavane nie ma sądu pracy, a niezadowoleni pracownicy nie mają innego wyjścia niż podróżowanie do Gweru w poszukiwaniu "sprawiedliwości", a inni nawet decydują się pozwolić pracodawcy wygrać, przerywając podróż ze względu na brak pieniędzy na odwołania i transport, a nawet brak zaufania do wyników... "sprawiedliwość odwleka się, to sprawiedliwość maleje". Jest to powód do niepokoju, ponieważ brak sądu pracy w tym regionie zagraża pilnemu rozwiązaniu konfliktu.

Pracownicy Ministerstwa Pracy oraz Rady Miasta Zvishavane zauważyli szare strefy w ustawodawstwie w świetle art. 23 i 24 ustawy zasadniczej, która reguluje stosunki pracy. W związku z tym ustawa powinna zostać ponownie rozpatrzona przez komisje pracownicze ds. sukiennictwa, które mają prawo do występowania przed sądem w celu przedstawienia zarzutów lub w inny sposób. Komitety pracownicze są natychmiastowym i wyraźnym głosem pracowników.

Warsztaty związków zawodowych na temat godnej i godnej pracy dla krajowych pracowników migrujących w Zimbabwe

ZCTU odegrało zasadniczą rolę w przedstawieniu przekrojowych inicjatyw mających na celu złagodzenie skutków emigracji siły roboczej z Zimbabwe do innych krajów. Warsztaty związków zawodowych na temat godnej i godnej pracy dla krajowych pracowników migrujących w Zimbabwe, które odbyły się w dniach 18-19 marca 2015 r., były szlachetną sprawą, która miała zamortyzować marginalizowaną siłę roboczą. Warsztat ten był interesujący dla autora ze względu na fakt, że odzwierciedlał kwestie związane z płcią i stosunkami pracy, postrzegał instytucję rodzinną jako część *mikro* stosunków pracy oraz odzwierciedlał internacjonalizm stosunków pracy, ponieważ warsztat był prowadzony w ramach trójnarodowych warsztatów, które odbyły się w październiku 2014 roku w Johannesburgu i obejmowały południowoafrykańskie kraje Lesotho, Zimbabwe i RPA. Pokazuje to, że perspektywa osiągnięcia międzynarodowych standardów w odniesieniu do wolontariatu pracowniczego i autonomii nie powinna być postrzegana jako przesadna. Warsztaty związków zawodowych na temat godnej i godnej pracy dla pracowników migrujących z Zimbabwe zostały zorganizowane przez ZCTU i Związek Pracowników Krajowych i Sprzymierzonych Zimbabwe, niemniej jednak nie chodziło wyłącznie o pracowników domowych, ale o ogólną poprawę dobrobytu pracowników. ZDAWU walczy o uznanie pracowników nieformalnych i domowych. W referacie na temat warsztatów zaprezentowano wysiłki, które należy przyspieszyć, aby przyjrzeć się następującym zagadnieniom:

i. Organizowanie pracowników domowych w taki sposób, aby byli oni na bieżąco z formalną pracą w innych miejscach w odniesieniu do wolontariatu pracowniczego oraz autonomii i uczciwych praktyk w miejscu pracy.

ii. Zintegrować wsparcie zainteresowanych stron w celu udzielenia głosu pracownikom domowym i innym pracownikom w nieuznawanych zawodach.

iii. Zwrócić się do organizacji pozarządowych i przywódców na szczeblu wspólnotowym, by opowiadali się za rychłą ratyfikacją Konwencji MOP nr 189, która przyznaje wolontariat pracowniczy i autonomię osobom zatrudnionym nieformalnie, takim jak osoby zatrudnione w gospodarstwach domowych.

iv. Przekształcenie praw pracowników zatrudnionych w gospodarstwie domowym na główne języki w jasny i zrozumiały sposób przez pracowników domowych, którzy nie mają solidnego wykształcenia.

v. Niezmiennie pracować w celu zwiększenia świadomości społecznej na temat przepisów dotyczących pracy domowej S/377192.

vi. Według Marksa robotnicy nie mają nic do stracenia, poza łańcuchami, dlatego też warsztat, który został podkreślony powyżej, miał duże znaczenie w propagowaniu wolontariatu pracowniczego i autonomii bez względu na oddalenie ich miejsc pracy. W sprawozdaniu podkreślono płeć, pracę w domu i migrację, które mają konotacje z internacjonalizmem pracowniczym w korytarzu Zimbabwe-Południe[165].

Osiągnięcia Warsztatów Związków Zawodowych na rzecz Godnej Pracy dla Pracowników Migrujących Krajowych w Zimbabwe

Literatura uzyskana od ZCTU świadczy o tym, że związek poczynił wiele kroków w kierunku uzyskania statusu członka Międzynarodowej Organizacji Pracy (MOP). W związku z tym pod auspicjami Międzynarodowej Organizacji Pracy przeprowadzono warsztaty związkowe na temat godnej i godnej pracy dla pracowników migrujących wewnątrz kraju, w ramach których poczyniono kilka znaczących osiągnięć, m.in:

i. Podniesienie świadomości potrzeby ochrony pracowników migrujących w korytarzu Zimbabwe-Południe w obliczu nieludzkich ataków ksenofobicznych, które zawsze się nasilają i które nie tylko naruszają prawa pracowników do handlu z wyboru, ale także prawo do bezpieczeństwa osobistego.

ii. Potrzeba wzmocnienia pozycji pracowników różnych zawodów w korytarzu Zimbabwe-Południe poprzez głoszenie im związkowego charakteru.

iii. Uznanie dla pracowników migrujących z kraju było ogromnym krokiem w kierunku wezwania do zrzeszania się siły roboczej w różnych zawodach i ponad granicami państw.

iv. Lobbing na rzecz uproszczenia ram prawnych ma zasadnicze znaczenie dla wzmocnienia pozycji prawnej pracowników zmarginalizowanych, aby umożliwić im korzystanie z ich praw w razie potrzeby.

v. Służył jako papierek *lakmusowy* dla wykonalności internacjonalizmu pracowniczego w odniesieniu do wolontariatu pracowniczego i autonomii.

Wyzwania stojące przed związkami zawodowymi w ramach warsztatów na temat godnej pracy dla pracowników migrujących wewnątrz kraju Stwierdzono, że należy podjąć środki zaradcze w celu rozwiązania problemu wolontariatu pracowniczego i autonomii w Zimbabwe.

- Prawne prawa pracowników zatrudnionych w gospodarstwie domowym, określone w rozporządzeniu o zatrudnieniu S/377192, są przedstawione w skomplikowanym języku prawnym, który nie jest łatwy do zrozumienia dla przeciętnego pracownika gospodarstwa domowego.

- Duża liczba pracowników domowych nie zna swoich praw i nie podejmuje wysiłków w celu wzmocnienia swojej pozycji.
- Niektóre istotne konwencje MOP nie zostały ratyfikowane przez parlament Zimbabwe, na przykład konwencja 189, co sprawia, że ramy stosunków pracy są niewystarczające.

- Większość pracowników domowych to kobiety i należy zająć się kwestiami płci w odniesieniu do realizacji wolontariatu pracowniczego i autonomii.
- Praktyki i standardy pracy nie są jednolite w poszczególnych branżach ze względu na różne standardy stosowane przez rząd.

Weryfikacja wyroku Sądu Najwyższego z 2015 r.

Książka została napisana w związku z powszechnymi zwolnieniami w stosunkach pracy, a wyrok Sądu Najwyższego z 17 lipca z udziałem pracowników Zuva Petroleum przyszedł w trakcie jej pisania. W związku z tym media drukowane w większości polegały na tym, że traktowały wydarzenia w miarę ich rozwoju. Wydarzenia, które nastąpiły po wyroku Sądu Najwyższego, miały znaczenie dla dyskursu ze względu na fakt, że zwolnienia zwalniały pracowników, a tym samym naruszały wolontariat pracowniczy i autonomię.

Pracodawcy wykorzystywali przewagę własności do robienia tego, co uważali za stosowne, a to sprzyjało wolontariatowi pracowniczemu i autonomii w stosunkach pracy w Zimbabwe. Rząd jest również pracodawcą, jako taki był w ruchu z przypływem po wydaniu wyroku Sądu Najwyższego. W sektorze oświaty przeprowadzono losowe liczenia głów, a nauczyciele, których uznano za nieobecnych w pracy, zostali zawieszeni na czas nieokreślony. Rząd i związki zawodowe zajmowały się odmiennym traktowaniem pracowników, przy czym niektórzy z nich są pod sprzęgami, a inni na wolności. Ironią losu był sposób, w jaki rząd opowiadał się za sprawiedliwością społeczną, kiedy dopuszczał się również nieuczciwych praktyk pracowniczych.

Rząd Zimbabwe zmienił ustawę o pracy w 2015 r. po wydaniu przez Sąd Najwyższy wyroku, w którym potwierdzono prawo pracodawcy do zwalniania pracowników za wypowiedzeniem wynikającym z prawa powszechnego. Nowelizacja uchyliła część ust. 12 ustawy o pracy, która przewidywała rekompensatę lub przywrócenie do pracy pracowników, którzy zostali zwolnieni przed i po dniu wejścia w życie ustawy. Niemniej jednak, pracodawcy wyraźnie lekceważyli nowe prawo, co wprowadziło niepewność co do losu pracownika. Związki zawodowe wyraziły zaniepokojenie niektórymi pracodawcami, którzy byli rażąco niechętni przestrzeganiu najnowszego prawa pracy. Szare strefy w dziale 12 rozdziału 28.01 ustawy o pracy były przez lata nieco niewidoczne, które można było zidentyfikować dopiero po wyroku Sądu Najwyższego z 17 lipca. Różni analitycy mieli różne poglądy na temat nowelizacji ustawy, która przewidywała wsteczne zastosowanie prawa w celu skorygowania pozornie niesprawiedliwości społecznej, która wynikała z powszechnych zwolnień, które nastąpiły po wyroku Sądu Najwyższego z 17 lipca. Powyższy przegląd pokazuje, że wolontariat pracowniczy i autonomia są dość nieuchwytne w stosunkach pracy w Zimbabwe.

ROZDZIAŁ 7

Międzynarodowość pracy

Pochodzenie internacjonalizmu pracowniczego w Zimbabwe

Internacjonalizm pracowniczy można prześledzić od progu niepodległego Zimbabwe. W XXI wieku świat zredukował się do globalnej wioski, a stosunki pracy zostały dotknięte przez rozprzestrzenianie się migrującej siły roboczej ponad granicami, do czego nie oszczędzono mas Zimbabwe. Neoliberalna globalizacja dała początek internacjonalizmowi pracy, ponieważ praca w różnych państwach na całym świecie starała się chronić przed kapitałem zagranicznym, jak firmy międzynarodowe, które dążyły do zysków i pomijały interesy pracowników. Neo liberalizm to rażące i namacalne szkody twórcze [166]. Skłoniło to do wygenerowania pomysłów na utworzenie Międzynarodowych Stowarzyszeń Pracy w celu zwalczania skutków neoliberalnej globalizacji.

Potrzeba ustanowienia jednolitych standardów i praktyk pracy pod auspicjami MOP jest sposobem na propagowanie równości w stosunkach pracy ponad granicami. Praca ucierpiała ogromnie wraz z narzuceniem neoliberalnej globalizacji przez światowych kapitalistów, co pociągnęło za sobą redukcję sektora publicznego, rozprzestrzenianie się nierówności społecznych i zarządzanie gospodarcze minimalnym państwem. Pod tym względem Międzynarodowy Ruch Pracy jest formą międzynarodowego społeczeństwa obywatelskiego, które przyjęło wpływową rolę w stosunkach międzynarodowych [167]. Nie ma powszechnie znanej definicji internacjonalizmu pracowniczego z uwagi na fakt, że teoretycy stosunków międzynarodowych w jakiś sposób przeoczyli tę dziedzinę [168]. Niemniej jednak, dla celów niniejszej książki, internacjonalizm pracy będzie definiowany jako dążenie do mobilizacji pracy w celu utworzenia międzynarodowego ruchu pracy, który dąży do tego, by granice państwowe stały się nieco porowate. Haas, badacz stosunków międzynarodowych, umieścił neofunkcjonalistyczny paradygmat stosunków międzynarodowych w kontekście stosunków przemysłowych, powołując się na jego główne założenie, które pokazuje, że działalność związków zawodowych ostatecznie rozprzestrzeni się na inne sektory na całym świecie [169]. Dobrym przykładem potwierdzającym założenie Haasa jest wczesne założenie ZCTU, które zabiegało o międzynarodowe wsparcie przed jego utworzeniem. Utworzenie ZCTU zostało sfinansowane przez ICFTU i AFL CIO USA w 1981 r. [170].

Potwierdza to fakt, że internacjonalizm pracowniczy *narodził się w* Zimbabwe wraz z ruchem robotniczym.

Czynniki, które przyczyniły się do wzrostu internacjonalizmu pracowniczego

W latach 90. nastąpiła neoliberalna globalizacja, zalecana przez bliźniaków z Bretton Wood w chorujących gospodarkach afrykańskich poprzez programy SAP, co wpłynęło na internacjonalizm związków zawodowych w tym sensie, że pracownicy ponad granicami widzieli nowe zagrożenie dla ich autonomii w postaci kapitału międzynarodowego. W tym względzie deregulacja, która została zalecona przez ESAP gospodarce Zimbabwe, wiązała się ze sprzedażą przedsiębiorstw państwowych, takich jak parapubliczne przedsiębiorstwa zagraniczne. Napływ firm międzynarodowych spowodował powrót do i tak już fragmentarycznego i napiętego prawa pracy. Pod koniec zimnej wojny powstał jednobiegunowy system ze Stanami Zjednoczonymi Ameryki u steru, co skłoniło go do kontrolowania MFW, który zmusił Zimbabwe do przyjęcia środków oszczędnościowych, co pociągnęło za sobą deregulację i dewaluację jego waluty [171]. Doprowadziło to do poważnego bezrobocia i cięć w wydatkach publicznych. ZCTU walczyło z niechęcią rządu do reagowania na tendencje neoliberalne w drugiej dekadzie, co wyrażało się poprzez bierną postawę i demonstracje [172].

W trzecim dziesięcioleciu doszło do nieoczekiwanego zwrotu akcji, kiedy to rząd rozpoczął realizację polityki, która miała na celu wzmocnienie pozycji swojego narodu w wartości nominalnej. Dotychczasowy okres od roku 2000 nazywany jest neoliberalną globalizacją, która jest okresem charakteryzującym się wolnorynkową polityką gospodarczą [173]. Niektóre z tych polityk, w połączeniu z żelaznym uściskiem w kwestii pracy oznaczonej jako Zimbabwe, *państwo pariasów* w globalnej wiosce. Również Malawi i Zambia zostały dotknięte przez SAP [174]. Niemniej jednak kryzys gospodarczy nie wynikał wyłącznie z nieskalkulowanej polityki rządu, lecz narzucony przez Zachód plan ESAP, który miał inwazyjne warunki, jak wskazano powyżej. Przyśpieszona reforma gruntowa była polityką, która została różnie przyjęta przez zainteresowane strony na arenie kształtowania polityki publicznej. Nacjonaliści przyklasnęli reformie rolnej jako środkowi wzmacniającemu pozycję większości, a społeczność międzynarodowa uznała ją za afront wobec praw człowieka i porażkę Konstytucji [175]. W związku z tym UE nałożyła na Zimbabwe szereg sankcji.

Sankcje częściowo wymusiły spadek gospodarki, a inflacja stała się na porządku dziennym do końca 2008 r., kiedy to rząd rozpoczął wielowalutowe działania mające na celu zahamowanie inflacji [176]. Nastąpiła migracja zarobkowa do krajów takich jak Republika Południowej Afryki i za granicą. W międzyczasie ZCTU podjęło decyzję o nieustannej walce z neoliberalną polityką globalizacji. ZCTU walczyło z globalnymi naciskami na tworzenie gospodarek opartych na wolnych rynkach, w tym na połączonych porozumieniach, takich jak dauhańska runda rozwojowa [177]. Wskazuje to na międzynarodowy związek zawodowy w jego tworzeniu.

Masakra w Maricanna w Republice Południowej Afryki została również bez zastrzeżeń potępiona przez związki zawodowe w regionie afrykańskim i w innych miejscach. Potępienie ataków Maricanny przez związki zawodowe ponad granicami pokazuje determinację związków zawodowych, aby zjednoczyć się w międzynarodowe stowarzyszenie pracy [178]. Południowa Afryka przyjęła status *państwa pariasowego* w regionie i za granicą, kiedy wprowadzono niepohamowane ataki ksenofobiczne na cudzoziemców z takich krajów jak Zimbabwe, Mozambik i Somalia [179]. Ataki ksenofobiczne spowodowały, że Republika Południowej Afryki zyskała sławę i spowodowały upadek rand [180]. Problem polegał na tym, że pracownicy, w tym pracownicy migrujący, poniosą ciężar spustoszenia, pracując w gospodarce, która obecnie nie przynosi zysków.

Diamenty Marange, powszechnie uważane za krwawe, również rezonowały z internacjonalizmem pracowniczym. Wielu wykonawców, zwłaszcza z Chin, chwyciło kopalnie diamentów, a robotnicy z Zimbabwe jeździli na roughshod. Chińskie przedsiębiorstwo górnicze Xin Yu niechętnie wypłacało pracownikom wynagrodzenia z 2011 r. [181].1 Chińskie konglomeraty nie wniosły znaczącej wartości dodanej dla mieszkańców, ponieważ wiele chińskich przedsiębiorstw zwykle zatrudnia własnych pracowników, a tylko garstka mieszkańców jest zatrudniona przez te przedsiębiorstwa [182]. To skłoni reżim Zanu PF do nacjonalizacji, podobnie jak to miało miejsce w przeszłości w przypadku innych sektorów. Internacjonalizm pracowniczy współbrzmi z robotniczym wolontariatem i autonomią, jak to ujął Karol Marks, wzywając pracowników świata do zjednoczenia się przeciwko kaprysom kapitału [183].

ROZDZIAŁ 8

Praca i płeć

Płeć i prymitywna praca w społeczeństwie przedkolonialnym

Źródłem siły roboczej i płci w Zimbabwe są pierwotne instytucje społeczne, chociaż nie były one jeszcze zorganizowane w taki sposób, jak współczesny system pracy, który powstał w wyniku pojawienia się kapitalizmu. W epoce przedkolonialnej Afryki, jeśli kobiety chciały poprawić swój status społeczny, musiały produkować plony, ale praca i ziemia były kontrolowane przez mężczyzn, którzy wcześniej zajmowali się polowaniami i prymitywnym górnictwem [184]. Jest oczywiste, że patriarchat jest zjawiskiem historycznym, które nadal utrzymuje się w stosunkach pracy w Zimbabwe. Społeczeństwo przedkolonialne uznaje pracę za środek do przetrwania.

Środki produkcji przedkolonialnego społeczeństwa były kontrolowane przez wodzów, którzy wymagali od poddanych sezonowego zapewniania pracy w *zunde* (ziemia wodza dla rolnictwa) [185]. Dlatego też praca i płeć w społeczeństwie przedkolonialnym musi być postrzegana w świetle wykorzystania ziemi jako kanału produkcji. Kobiety w pierwotnym społeczeństwie Zimbabwe były zobowiązane do dostarczania rodzinom zbóż, aby mogły pośrednio korzystać z ziemi i owoców pracy [186]. Kobiety w okresie przedkolonialnym były uzależnione od mężczyzn z uwagi na fakt, że mężczyźni kontrolowali pracę i ziemię [187]. Patriarchat walczył na rzecz wolontariatu pracowniczego i autonomii w epoce przedkolonialnej. Niektórzy uczeni z okresu pierwotnego średniowiecza są zdania, że kontrola kobiet nad kanałami produkcji różniła się w zależności od układu danej gospodarki, podziału władzy w układzie małżeńskim i składu rodziny [188]. Siła mężczyzny zwiększała się za każdym razem, gdy pozyskiwał więcej żon. Jest to prawdą, biorąc pod uwagę fakt, że obserwacja obecnej wiejskiej struktury do pewnego stopnia odzwierciedla poligamiczne układy małżeńskie, a przeciętny niecywilizowany mężczyzna może poślubić wiele żon w celu zgromadzenia siły roboczej dla swojej wiejskiej ziemi.

Kobiety w okresie przedkolonialnym w Zimbabwe cieszyły się pewną dozą dobrowolności i autonomii w pracy. Niemniej jednak w tym reżimie nie były znane pisemne umowy o pracę, a zapewnienie pracy nie było ściśle związane z wymiernymi korzyściami, lecz lojalnością, dlatego pogodzenie epoki z dobrowolnością i autonomią pracy jest dość problematyczne. Społeczeństwo przedkolonialne jest godne uwagi w badaniach nad wolontariatem i autonomią pracy ze względu na fakt, że tradycja i kultura afrykańska jest produktem historii i wpływa na stosunki pracy.

Praca i płeć w ramach reżimu kolonialnego

W epoce kolonialnej dobrowolność i autonomia pracy kobiet była zagrożona przez niezliczoną ilość czynników, w tym przez represyjne ustawodawstwo kolonialne, które zostało uchwalone zgodnie z zasadami rasowymi i dyskryminacją płciową. Epoka kolonialna charakteryzowała się uciskiem kobiet i czarnych w stosunkach pracy [189]. Prawodawstwo okazało się równie skuteczne jak dobrowolność i autonomia pracy i w równym stopniu ją pokonuje. Ustawa o magistra i pracownikach z 1901 r. nie odzwierciedlała braku dyskryminacji.

przepis [190]. Doprowadziło to do powstania szarych stref lub obszarów prawodawstwa, w których nie było pewności co do losu kobiet w stosunkach pracy. Prawo było stale wykorzystywane przez reżim kolonialny do propagowania nierówności. Na mocy ustawy o postępowaniu pojednawczym w przemyśle z 1934 r. zatrudnienie opierało się na liniach rasowych, ponieważ praca w białych kołnierzykach była wyłączną domeną mniejszości białej, a czarni byli przeznaczeni do pracy na stanowiskach niewykwalifikowanych [191]. Czarne kobiety były z jednej strony uwikłane w dyskryminację rasową w stosunkach pracy, a z drugiej strony w dyskryminację ze względu na płeć.

Kobiety nie miały kontroli proceduralnej nad swoją pracą poprzez nierówne procesy pracy, w tym zdominowane przez mężczyzn negocjacje zbiorowe, które wykluczały interesy kobiet i merytorycznie poprzez niesprawiedliwość w wynagradzaniu [192]. Kobiety zarabiały w reżimie kolonialnym marne dochody, które wynosiły połowę męskiej pensji [193]. Pokazuje to, że kobiety nie cieszyły się dobrowolnością i autonomią pracy w porównaniu z ich męskimi odpowiednikami i było to gorsze dla czarnych kobiet, które były już uprzedzone ze względu na swoją rasę, jak wskazano wcześniej w tym dyskursie. W epoce kolonialnej 2/3 dochodu narodowego brutto (DNB) było skoncentrowane w białej mniejszości, która stanowiła zaledwie 3% całej populacji [194]. Odzwierciedla to trudną sytuację kobiet w reżimie kolonialnym.

Statuty są również wykorzystywane do udzielania kobietom wyrywkowych urlopów macierzyńskich, co stanowi lekceważenie wkładu, jaki kobiety wnoszą do kapitalistycznego społeczeństwa w zakresie zapewnienia mu nowej siły roboczej poprzez urodzenie dziecka w [195] *roku*. Urlop macierzyński był nieznany niewielkiej liczbie czarnych kobiet, które znajdowały się w sektorze formalnym [196]. Jest oczywiste, że prawa regulujące stosunki pracy zawsze miały na celu ograniczenie wolontariatu pracowniczego i autonomii kobiet. W tym względzie obowiązujący w Zimbabwe rozdział 28.01 ustawy o pracy stanowi, że kobieta ma prawo do trzech okresów urlopu macierzyńskiego w ramach jednego pracodawcy, a jeden z nich powinien wystarczyć jej na co najmniej [197] lat. Art. 18 ustawy o pracy jest do pewnego stopnia kapitalistyczny, ponieważ dąży do uzyskania od kobiet niezastrzeżonej siły roboczej. Niemniej jednak, nowelizacja ustawy o pracy z 2002 r. w znacznym stopniu przyczyniła się do nadania kobietom prawa do dobrowolności i autonomii w zakresie pracy, ze względu na fakt, że obecnie kobiety mają prawo do pełnopłatnego urlopu macierzyńskiego zgodnie z art. 18 ust. 1 ustawy, w przeciwieństwie do wcześniejszego scenariusza, który zakładał prawo do nie mniej niż 75 proc. pełnego wynagrodzenia kobiet przebywających na urlopie macierzyńskim, co dawało pracodawcy władzę nad zatrudnionymi kobietami [198].

Alienacja kobiet

Kobiety w Zimbabwe nadal walczą o wolną wolę, niezależnie od tego, że w ciągu trzech i pół dekady niepodległości wzburzony został wolontariat pracowniczy i autonomia. Kobiety są nadal słabo rozpoznawalne w stosunkach pracy, a walka o równość nadal pozostaje walką przegraną [199]. Pomimo ich liczebnej dominacji w społeczeństwie, kobiety nadal zajmują się sektorem nieformalnym, który obejmuje zatrudnienie w gospodarstwach domowych i vending [200]. Niemniej jednak od momentu uzyskania niepodległości reżim Zanu PF wprowadził korzystne warunki sprzyjające dobrowolności i autonomii pracy kobiet.

Niektórzy badacze postrzegają ustawę o stosunkach pracy z 1985 roku jako próg dla wolontariatu pracowniczego, autonomii i równości jako płace minimalne stosowane wobec wszystkich bez względu na płeć [201]. Było to zgodne z konwencją MOP nr 100 (o równym wynagrodzeniu) i o niedyskryminacji w miejscu pracy, zgodnie z konwencją nr 111 MOP o zatrudnieniu z 1949 r., które zostały ratyfikowane przez rząd Zimbabwe [202]. Ustawa o stosunkach pracy wprowadziła również płatny urlop macierzyński dla kobiet czarnych w zatrudnieniu. W tym względzie ustawę o stosunkach pracy z 1985 r. można uznać za próg pozwalający na nadanie mocy prawnej wolontariatowi pracowniczemu i autonomii kobietom i mężczyznom pracującym na czarno.

Przyjęcie ESAP przez rząd Zimbabwe zniweczyło korzyści, jakie kobiety uzyskały dzięki ustawodawstwu. ESAP zobowiązał rząd do uchylenia ustawy o stosunku pracy z 1989 r., a warunki zatrudnienia miały zostać ustalone przez CBA [203]. Oczywiste jest, że o losie kobiet decydowali pracodawcy. Urlop macierzyński, płace i inne warunki zatrudnienia miały być również ustalane w drodze negocjacji zbiorowych, które były luźno oparte na kaprysach pracodawcy. W okresie obowiązywania ESAP w układach zbiorowych brakowało dobrowolności ze względu na fakt, że pracodawcy dominowali w stosunkach pracy [204].

W latach 2000. zatrudnione kobiety również musiały stawić czoła wyzwaniom wynikającym m.in. z dyskryminacji ze względu na HIV i AIDS.

W sprawozdaniu UNAIDS z 2015 r. stwierdzono, że kobiety w Zimbabwe są w większości narażone na HIV/ AIDS ze względu na patriarchalny charakter społeczeństwa tego kraju, ponieważ pandemią zostało zakażonych 720 000 kobiet, a w miejscu pracy szaleją przypadki dyskryminacji [205].

W okresie od 2000 do 2015 r. i później kobiety stanęły w obliczu podwójnego zagrożenia. Nieuczciwe praktyki w zakresie stosunków pracy z jednej strony oraz inwazyjny, od dawna trwający patriarchat z drugiej strony wpływają na pracujące kobiety. Gospodarka Zimbabwe dzieli się na dwie kategorie, które obejmują sektor formalny, kontrolowany przez mężczyzn i powiązany politycznie, oraz gospodarkę nieformalną, która jest zalewana przez kobiety [206]. Pokazuje to, że kobiety nie dominują w sektorze formalnym, a ich autonomia i dobrowolność jako pracowników jest zagrożona. Tendencja ta nasiliła się w latach 1980-1990, gdy patriarchat panował. Lata 2000. charakteryzują się przeoczeniem i marginalizacją sektora nieformalnego również przez prawo. W 2009 r. płace minimalne były określane przez sektory i tylko 28 sektorów otrzymało receptę płacy minimalnej, a krajowy sektor zatrudnienia był najmniej opłacany na poziomie 30 [207] USD. Praca w gospodarstwie domowym jest zdominowana przez kobiety, które zazwyczaj pracują jako pokojówki domowe, a wolontariat i autonomia pracy albo nie są im znane, albo są pomijane przez ustawodawców [208]. Pokazuje to, że kobiety nie są w pełni uznawane w stosunkach pracy.

Rząd i wszystkie zainteresowane strony powinny podjąć wysiłki w celu promowania uczciwej legitymizacji sektora nieformalnego, aby usidlić kobiety, które dominują w tym sektorze. ZCTU czyni kolosalne postępy w swoich wysiłkach na rzecz nieformalnej integracji, a ZCIEA jest pierwszym papierkiem lakmusowym [209]. Zimbabwe musi naśladować inne kraje, które niezmiennie pracują na rzecz uznania sektora nieformalnego ze względu na fakt, że stał się on sektorem dominującym z powodu powszechnego bezrobocia. Zambia pracuje nad formalnym uznaniem osób z sektora nieformalnego [210]. W związku z tym rząd Zimbabwe powinien włączyć do krajowego programu działań kwestię formalizacji sektora nieformalnego.

Kobiety walczą również z neoliberalną globalizacją, co oznacza ich obecność w internacjonalizmie pracy, co zostało omówione w poprzednich punktach. Organizacje takie jak

WIEGO stanowią istotny element oporu przed neoliberalną globalizacją. Organizacje takie jak WIEGO powinny być promowane poprzez zapewnienie przestrzeni i finansowania. Po uzyskaniu niepodległości Zimbabwe mężczyźni postrzegali mężczyzn jako sprawnych i odpowiednich do zatrudnienia, a męskie dzieci były priorytetem w rodzinach, jeśli chodzi o zdobywanie wyższego wykształcenia. Oznaczałoby to, że kobiety były skazane na bycie opiekunami domowymi w dłuższej perspektywie 211. W epoce kolonialnej sytuacja kobiet była jeszcze gorsza, gdyż z jednej strony spotykały się one z dyskryminacją rasową, a z drugiej - z patriarchatem, który zniechęcał je do nawiązywania stosunków pracy, stąd też ich prawo do wykonywania zawodu, które obecnie określa sekcja 64 Konstytucji, było anathemą 212.

Klasyczne tradycje, takie jak cena panny młodej, zostały zachowane w społeczeństwie Zimbabwe. Cena panny młodej wywołała gorące dyskusje. Oczywiste jest, że instytucja ta upodmiotowiła kobiety i zdemoralizowała je z jednej strony, a z drugiej strony dała mężczyźnie uzasadnienie do ich wykorzystywania. Problematyczne jest przyjęcie przez kobiety znaczącej wartości i widocznego punktu widzenia w społeczeństwie, aby domagać się sprawiedliwego udziału w wynikach stosunków pracy, gdy są one również traktowane jako towar, podobnie jak środki produkcji w stosunkach pracy 213. Stosunki pracy w Zimbabwe przyjęły wolontariat pracowniczy i autonomię, która obejmuje prawo do strajku i prawo do rokowań zbiorowych w radykalny sposób na podstawie ledwie zdobytych osiągnięć pracy na Zachodzie, na przykład okoliczności towarzyszących ustawie Wagnera Stanów Zjednoczonych i jej długiej historii. W związku z tym stosunki pracy pomijają nieco kwestie równości płci w pracy i kładą nacisk na przejmowanie władzy i wpływy.

Co więcej, badacze stosunków pracy w Zimbabwe nie uchwycili w pełni koncepcji rodziny i tego, jak współgra ona ze stosunkami pracy. Przeciwnie, zajmują się oni maksymalizacją chleba i masła i pomijają podstawę stosunków pracy, jaką jest rodzina. Naukowcy zajmujący się stosunkami pracy wydają się być albo ślepi na płeć, albo jak praktycy w dziedzinie stosunków przemysłowych, uważają, że jeśli chodzi o kobiety, to nie ma to znaczenia. 214. Raport UNDP z lat 2007-2008 stwierdza, że w roku 2005 średnia pensja pracownika wynosiła w przybliżeniu 2,585 dolara w przypadku mężczyzn i 1,499 dolara w przypadku kobiet 215. Pomimo tego, że kobiety stanowią większość w stosunkach pracy w sektorze formalnym i nieformalnym, to jednak wynagrodzenia rozporządzalne są dla nich stonowane. Jest to alienacja kobiet, która pozbawia je kontroli nad swoją pracą.

GPA, które zapoczątkowało integracyjny rząd partii ZANU PF i MDC, zostało również przedwcześnie przyjęte przez kobiety jako szansa na nadzieję w trudnych czasach. Rząd jedności narodowej jest zaangażowany w sprawę równości płci, mówi o wspieraniu udziału kobiet we wszystkich wysiłkach na rzecz stworzenia demokracji uczestniczącej, ale na razie są to tylko słowa 216. Szeroko rozpowszechnione bezrobocie skłoniło kobiety do angażowania się w nieformalne transakcje, takie jak vending. W latach 2012-2015 mężczyźni dołączyli do sektora nieformalnego z powodu ostrego bezrobocia 217. Pęd do dominacji, który zaabsorbował mężczyzn, wpędził ich do ruszenia do handlu detalicznego, który nie był próżnią i założył stowarzyszenia. Związki sprzedawców, takie jak NAVUZ, zostały upolitycznione, jak pokazały wydarzenia w 2015 r., przykładem jest sytuacja, w której rząd zaproponował usunięcie sprzedawców z Harare CBD, a politycy porwali te związki, aby uregulować ich długo oczekiwane wyniki z innymi, naciskając na ich relokację, a inni idące przeciwko niej 218.

Ostatecznie, walka o wolontariat pracowniczy i autonomię kobiet rozpoczyna się od instytucji rodziny i pokrywa się z miejscem pracy. Ustawa o pracy daje kobietom prawo do 3-miesięcznego urlopu macierzyńskiego. Jednakże warunki, które są dalej opracowywane, negatywnie wpływają na ich autonomię pracy. Artykuł 18 ustawy o pracy stanowi, że kobieta ma prawo do urlopu macierzyńskiego tylko przez trzy miesiące w okresie zatrudnienia w organizacji. Przepis ten jest kapitalistyczny, ponieważ dąży do uzyskania nieprzerwanej służby od kobiet i pomija ich kluczowe role w społeczeństwie, takie jak zapewnienie siły roboczej w trybie gotowości do pracy poprzez rodzenie dzieci 219. Wolontariat pracowniczy i autonomia powinny zostać w pełni rozszerzone na kobiety poprzez postępowe prawodawstwo, aby umożliwić im prowadzenie satysfakcjonującego życia.

Praca i płeć w latach 2000-2015

Autorka uznała, że należy zwrócić uwagę na płeć, która jest zmienną statusu określającą stopień, w jakim każda płeć korzysta z wolontariatu pracowniczego i autonomii zgodnie z badaniami. Kobiety dominują liczbowo w stosunkach pracy.

Zmienne wpływające na wolontariat pracowniczy i autonomię kobiet

Autorka zebrała szereg czynników wpływających na autonomię pracy kobiet i ich dobrowolność, które zostały uznane przez badaczkę za nieco reprezentatywne dla kobiet w stosunkach pracy, ponieważ praktycznie wszystkie sektory w korporacyjnym Zimbabwe zostały objęte próbą w pewnym stopniu ze względu na fakt, że zbadano sektor prywatny i publiczny. Czynniki te zostały podzielone na dwie części, które obejmują politykę rodziny i relacje w miejscu pracy. Polityka rodzinna była uważana przez autora za podstawę stosunków pracy i silnie współbrzmi z późniejszymi. Zmienne te są omówione i poparte poniższymi ustaleniami.

Polityka rodzinna

Polityka rodziny wpływa na praktyki zawodowe kobiet w odniesieniu do ich wolnej woli w stosunkach pracy. Z ankiet wynika, że na 53 kobiety 31 napotyka na konflikty związane z pracą w domu, a 14 na konflikty, które mają swoje korzenie w miejscu pracy. Pozostałych 8 ankietowanych nie zgłosiło istotnych konfliktów, które są związane z rodziną, głównie dlatego, że byli oni samotni. Konflikty, które emanują z rodziny, to między innymi to, co autor określił jako konflikty *pieniężne*, a to oznacza konflikty dotyczące dysponowania wynagrodzeniami kobiet podżeganych przez ich mężów. Konflikty te pozbawiają kobiety prerogatywy kontrolowania produktu ich własnej pracy, a w konsekwencji demoralizują je w stosunkach pracy. Polityka rodziny jest zakorzeniona w instytucji loboli, która angażuje afrykańską kulturę i praktyki. W Zimbabwe lobola jest ceną dla panny młodej, którą płaci się w zamian za to, że kobieta wciela się w rolę żony dla przyszłego męża na czas nieokreślony. Badacz uznał te relacje za podstawę trudnej sytuacji kobiet w stosunkach pracy, ponieważ za każdym razem, gdy kobieta dochodzi swojego prawa do produktu swojej pracy, mąż rezygnuje z niego, przeciwstawiając się temu, że zapłacił za nią cenę za narzeczonego. Jest to utowarowienie kobiet i negatywnie wpływa na ich wolną wolę w stosunkach pracy. Inne czynniki paraliżujące wynikają z ram prawnych i te obawy są powszechne.

Relacje w miejscu pracy i problemy wynikające z przepisów prawnych

Spośród 53 kobiet, 14 staje w obliczu konfliktów, które mają swoje korzenie w miejscu pracy. Palącą kwestią jest urlop macierzyński, który jest w dużej mierze fragmentaryczny. Art. 18 ustawy o pracy jest fragmentaryczny w tym sensie, że daje prawo do urlopu macierzyńskiego kobiecie, która pracowałaby przez rok i dłużej u danego pracodawcy. Ponadto kobieta ma prawo do jedynie trzech okresów urlopu macierzyńskiego w ramach swojej służby u pracodawcy. Te odczucia zostały podniesione przez kobiety w stosunkach pracy. Powstaje pytanie, czy urlop macierzyński jest rzeczywiście prawem. Generalnie jest oczywiste, że role kobiet przewyższają role mężczyzn w społeczeństwie. W związku z tym obawy dotyczące uznawania i równego traktowania są uzasadnione.

Warto zauważyć, że polityka rodzinna rozciąga się na stosunki pracy i na poziom krajowy, aby mieć negatywny wpływ na wolontariat pracowniczy i autonomię kobiet ze względu na fakt, że ten sam mężczyzna z instytucji rodzinnej wchodzi na forum narodowe i stosunki pracy ze swoją patriarchalną mentalnością. W tym kontekście warto zauważyć, że autonomia pracy i wolontariat są raczej przyjętą *dwulicową tarczą*, która jest przydatna do odsunięcia wtrącania się kapitału w działalność wolontariatu pracowniczego z jednej strony i ingerencji rządu w jego autonomiczną działalność z drugiej strony. Dlatego też nie powinien był zostać przyjęty w sposób radykalny, ale powinien zostać przyjęty po rewizji afrykańskich zwyczajów i powinny były zostać podjęte próby pogodzenia go z zasadami wolontariatu pracowniczego i autonomii.

Rys. 4 pokazuje procentowy udział tych dwóch kategorii zmiennych wpływających na dobrowolność i autonomię pracy wśród pracujących kobiet.

Źródło: Główny

ROZDZIAŁ 9

Sektory publiczny i prywatny

A Tipped Scale of Justice

Rząd Zimbabwe został potępiony za stosowanie podwójnych standardów w stosunkach pracy. Pracownicy sektora prywatnego mają prawo do wstępowania do wybranych przez siebie związków zawodowych oraz do negocjacji zbiorowych na mocy ustawy o pracy, jak wskazano w poprzednich rozdziałach. Niemniej jednak, urzędnicy służby cywilnej nie mają w pełni takich samych praw. Ustawa o służbie publicznej reguluje sytuację pracowników sektora publicznego i przewiduje jedynie niejasne prawo do konsultacji [220]. Pokazuje to, że na rządzie jako pracodawcy spoczywa obowiązek określenia warunków pracy w służbie cywilnej. Urzędnicy państwowi to między innymi pracownicy ministerstw, nauczyciele w szkołach państwowych, pielęgniarki i lekarze w szpitalach państwowych.

Ustawa o pracy daje ministrowi prawo do zatwierdzania i odrzucania CBA, które uważa za "nieracjonalne". *W związku* z powyższym w sprawie Sądu Najwyższego z 2000 r. między PTC a Zimbabwe Posts and Telecommunication Workers Union (ZPTWU) minister obniżył układ zbiorowy pracy o 50 %, mimo że został on zatwierdzony przez NEC tej branży [221].

Prawo do strajku jest poważnie ograniczone w sektorze publicznym w porównaniu z sektorem prywatnym. Pracownicy TelOne, NetOne i Zimbabwe Posts zostali kiedyś zwolnieni i zastąpieni przez siły mundurowe po zorganizowaniu strajku pod koniec 2004 r. w celu zmuszenia pracodawcy do wykonania orzeczenia arbitrażowego, które należało do nich w roku 2003 [222]. Prawo to zostało uznane przez rząd Zimbabwe za nieważne. W corocznym badaniu ITUC na temat łamania praw organizacji pracowniczych w krajach Common Wealth i Zimbabwe odnotowano, że prawo do strajku w Zimbabwe jest zagrożone wyginięciem, ponieważ od 2006 roku nie odnotowano żadnego znaczącego strajku. Okres od 2000 do 2016 r. odzwierciedla wolontariat pracowniczy i autonomię w stopniu większym niż rzeczywistość dzięki podporządkowaniu pracowników służby cywilnej przez rząd [223].

W sektorze publicznym pracownicy są zazwyczaj reprezentowani przez stowarzyszenia, które zostały powszechnie uznane za nieskuteczne ze względu na niezmienne ataki rządu na te stowarzyszenia. W corocznym badaniu ITUC na temat łamania praw organizacji pracowniczych w krajach Common Wealth i Zimbabwe stwierdzono, że próby konsultacji podejmowane przez PTUZ i ZIMTA okazały się daremne, a członkowie PTUZ byli bezprawnie przetrzymywani jako zakładnicy i brutalnie napadani przez członków partii ZANU-PF, jednocześnie wyrażając swoje opinie na temat żalów pracowników sektora edukacji [224]. Pokazuje to, że pracownicy sektora publicznego nie korzystają w pełni z wolontariatu pracowniczego i autonomii. Pensja w linii danych dotyczących ubóstwa (Poverty Datum Line - PDL) w wysokości 520 dolarów pozostaje nieuchwytna, ponieważ najsłabiej opłacany pracownik publiczny otrzymuje nędzną pensję 180 dolarów [225]. PDL jest nieuchwytna w sektorze publicznym, a to sprzyja dobrowolności i autonomii pracy, ponieważ nie ma wyraźnych kanałów sprzeciwu.

Ustawa o pracy jest do pewnego stopnia afrontem dla dobrowolności i autonomii pracy, ponieważ stoi w sprzeczności z jej własnym przepisem w sprawie art. 104, który daje prawo do strajku pracownikom. Pracownicy sektora prywatnego muszą przejść zniechęcającą procedurę w celu zaspokojenia potrzeb związanych z działaniami strajkowymi, która jest zapisana w ustawie o pracy i obejmuje ona pięćdziesięcioprocentowy margines głosów całej siły roboczej, długi i nierozsądny okres 30 dni powielany jako "okres pojednawczy" oraz obowiązkowe próby przeprowadzenia postępowania arbitrażowego z dodatkowym czternastodniowym okresem wypowiedzenia. Prawo proceduralne w stosunkach pracy narusza prawo pracownika do wycofania się z pracy [226]. Zgodnie z corocznym badaniem ITUC na temat łamania praw organizacji pracowniczych w krajach Common Wealth i Zimbabwe, ustawa o stosunkach pracy w Zimbabwe milczy na temat tego, czy strajkujący pracownicy znajdą swojego pracodawcę zatrudniającego innych pracowników w celu zapewnienia pracy w miejsce strajkujących pracowników [227]. Ustawa Prawo karne o kodyfikacji i reformie z 2006 r. jest niekiedy stosowana w celu uwięzienia związkowców, dla których ZCTU jest głównym celem represji [228]. Pracownicy sektora prywatnego cieszą się znacznym wolontariatem i autonomią w stosunku do swoich odpowiedników w sektorze publicznym.

2.8. Wniosek

Celem tego rozdziału była ocena rozwoju stosunków pracy w Zimbabwe w odniesieniu do wolontariatu pracowniczego i autonomii, zgodnie z istniejącą literaturą. Literatura pokazała, że prawo do strajku jest poważnie tłumione, dobrowolne negocjacje zbiorowe są zastępowane przez arbitraż z powodu impasów w sporach, a organizacje pracownicze tracą członkostwo w wyniku szalejącego bezrobocia, które doprowadziło do rozkwitu gospodarczego. sektor nieformalny, który jest zdominowany liczbowo przez kobiety, które z kolei stały się bezsilne. Niemniej jednak, cechy wolontariatu i autonomii pracowników są zauważalne w ustawie o pracy, a długie istnienie ZCTU pokazuje, że wolontariat i autonomia w pracy ma w pewnym stopniu korzystne perspektywy. Ostatecznie rozdział 2 położył podwaliny pod rozdział 3 i 4, w których oceniono, czy wolontariat pracowniczy i autonomia są realne, czy też tylko wyobrażone za pomocą analizy dowodów empirycznych.

C HAPTER 10

The Worker's Respite

Sugestywne rozwiązania

Rozdział pierwszy tej książki miał na celu podsumowanie, czy wolontariat pracowniczy i autonomia w Zimbabwe są rzeczywistością, czy też wyobrażeniem. Autorkę zainteresowała hipoteza, która traktowała o dobrowolności pracy i autonomii w stosunkach pracy w Zimbabwe w taki sam sposób, jak to sobie wyobrażano. Następnie zaproponował kompleksową definicję wolontariatu pracowniczego i autonomii, ukrywając ją jako *dwuwarstwową tarczę*, która ma na celu odwrócenie negatywnej ingerencji rządu i kapitału w działalność pracowników i ich związków zawodowych. W rozdziale drugim przedstawiono autonomię pracy jako środek do wolontariatu ze względu na fakt, że aby wolontariat był możliwy, pracownicy powinni być niezależni, a prawo do organizowania się powinno być w pełni przyznane. W związku z tym, dobrowolne działania, które obejmują prawo do strajku lub wycofania się z pracy, prawo do dobrowolnych rokowań zbiorowych oraz prawo do organizowania się u podstaw wolontariatu pracowniczego i autonomii. Wynika to w dużej mierze z faktu, że dla powyższych, pozornie powiązanych ze sobą, istotnych działań, które stawiają pracowników i kapitał na równi z ich realizacją, pracownicy muszą być niezależni od elementów zewnętrznych. Wolontariat pracowniczy i autonomia pozwalają pracownikom na prowadzenie satysfakcjonującego życia i cieszenie się stosunkiem pracy. Praca ta wykazała, że wolontariat pracowniczy i autonomia to w dużej mierze wyobrażenia, a nie rzeczywistość, z następujących powodów:

a) Prawo do strajku jest zdławione i aby związek mógł go prowadzić, musi spełniać uciążliwe i długie kroki proceduralne, o których mowa w rozdziale 2.

b) Nielegalne strajki pociągają za sobą odpowiedzialność karną i wiążą się z surowymi karami.

c) Strajki są zagrożone wygasaniem w świetle okresu od 2000 r. do 2015 r., w przeciwieństwie do lat 90., kiedy to pracownicy mieli prawo do wyrażania niezadowolenia i forsowania korekty nieuczciwych praktyk pracowniczych.

d) Związki zawodowe jako organizacje wolontariackie nie są tak dobrowolne ze względu na wtrącanie się kapitału i agencji rządowych

e) Sądownictwo wkracza w wolontariat pracowniczy i autonomię, posuwając się aż do stosowania odległych praw w świetle prawa powszechnego w celu wspierania zwolnień dzikich kotów przez pracodawców.

f) Rząd pozostawia w ustawodawstwie szarą strefę dla przyszłych manipulacji, jak wskazano w poprzednich punktach, co stanowi wadę wolontariatu pracowniczego i autonomii. Ze względu na te czynniki autor zaproponował przedstawione poniżej sugestywne rozwiązania, które mogą zapewnić wolontariat pracowniczy i autonomię w stosunkach pracy w Zimbabwe.

Instytucja ds. rodziny, pracy i płci

Instytucja rodzinna jest podstawą stosunków pracy. Pracownik pochodzi z rodziny jako jednostka i angażuje się w stosunki pracy, aby umożliwić swojej rodzinie prowadzenie satysfakcjonującego życia. W związku z tym solidne podstawy gwarantują strukturę, która jest przeznaczona do sprawiedliwego uznania, o ile w pełni obejmuje kobiety. Podane są następujące zalecenia:

- Warsztaty wspólnotowe powinny być prowadzone przez związki zawodowe w celu zachęcenia mężczyzn do wspierania kobiet, aby mogły one swobodnie angażować się w stosunki pracy i realizować swój pełny potencjał. Związkowcy mogą korzystać z opłat związkowych w użyteczny sposób prowadząc te warsztaty.
- Związki zawodowe mogą również powołać organ badawczy, który będzie badał środki mające na celu promowanie wolontariatu pracowniczego i autonomii oraz stopniową realizację uczestnictwa kobiet.
- Należy uchylić przepisy, które naruszają prawa pracownicze kobiet, a także dokonać przeglądu i uczynić zadawalającym fragmentaryczny urlop macierzyński. Można to osiągnąć poprzez zmianę art. 18 ustawy i luźne przyznanie każdej pracującej kobiecie pełnopłatnego urlopu macierzyńskiego, niezależnie od okresu zatrudnienia.
- Kobiety pracujące za pośrednictwem związków zawodowych mogą tworzyć stowarzyszenie, które jest postępowe i które uzupełnia wysiłki związków w sprawach dotyczących kobiet pracujących. Związki zawodowe powinny być zaangażowane w celu wykluczenia paraliżujących podziałów, ale powinny być zaangażowane w konstruktywny sposób. Stowarzyszenie to mogłoby reprezentować wszystkie pracujące kobiety w

Zimbabwe i zastąpić kosmetyczne *ławki dla kobiet,* które są nieodłączną częścią praktycznie

- każde przedsięwzięcie. Stowarzyszenie to powinno być prężne, aby mogło zająć znaczące miejsce na arenie stosunków pracy i być słyszane na arenie trójstronnej.
- Koalicje kobiet pracujących w Zimbabwe powinny angażować się w międzynarodowe stowarzyszenia pracy na rzecz pracujących kobiet. Dobra fundacja przyciąga darowizny od międzynarodowych organizacji pracowniczych, a to z kolei przyczynia się do realizacji międzynarodowego ruchu pracowniczego, który w szczególny sposób uwzględnia potrzeby kobiet. Umożliwiłoby to pracującym w Zimbabwe kobietom uczenie się od innych kobiet ponad granicami, które walczyły o autonomię i osiągnęły sukces w tym zakresie.
- Kluczowe znaczenie ma uwzględnienie zasług przy podejmowaniu decyzji o tym, kto ma objąć stanowisko w organizacjach wolontariackich i w ten sposób kobiety będą miały większe możliwości, ponieważ będą ciężko pracować, aby spełnić wymagania. Automatyczna akcja afirmacyjna jest skałą łóżkową do pewnego stopnia podporządkowania kobiet. Wynika to z faktu, że kobiety, które w taki sposób wejdą w posiadanie wpływów, nadal będą czuły się winne mężczyznom, którzy bezpośrednio lub w sposób dorozumiany przyczynili się do tego.

Kontrola przez statut Versus Wolontariat zupełny

Badania wykazały, że statuty, które obejmują konstytucję i ustawę o pracy, regulują stosunki pracy i wprowadzają w życie dobrowolność i autonomię pracy, a także utrudniają ją. Kontrola ustawowa jest koniecznością i niewątpliwie najlepszą, jaką można w tej chwili osiągnąć. Wynika to z faktu, że prawo nadaje moc prawną przepisom i AKK. Pracodawca lub pracownicy, każda ze stron jest zobowiązana do niedotrzymania zobowiązań, co może prowadzić do anarchii przemysłowej, która z kolei może doprowadzić do publicznego chaosu. Statuty w pewnym stopniu zapewniają uczciwą konkurencję w stosunkach przemysłowych. Pokazuje to, że od tego czasu państwo przyjęło nieunikniony sprawiedliwy udział w wpływie na stosunki pracy.

- Państwo jest w dużej mierze jednostką polityczną i jego działalność polityczna powinna być ograniczona do minimum przy nawiązywaniu stosunków pracy, co powinno być wyraźnie określone w ustawie o pracy.
- Ustawa o pracy musi zapewniać równość między pracą a kapitałem, a można to osiągnąć tylko wtedy, gdy wszystkie zainteresowane strony są zaangażowane w jej tworzenie. W tym względzie linia między państwem a rządem powinna być wyraźnie definitywna, niezależnie od jej słabości.
- Uniemożliwianie prowadzenia polityki powinno być powstrzymywane i rozpraszane przez agencje stanowe z własnej woli, co można wyciągnąć z doświadczenia Stanów Zjednoczonych Ameryki, które charakteryzowało się wolą polityczną przy wprowadzaniu w życie ustawy Wagnera z 1935 roku.

- Polityka jest wszechobecna, niemniej jednak wolontariat jest kluczowy i powinien być wspierany przez prawo w celu zapewnienia równowagi między pracą a kapitałem, a także w celu sprawdzenia działalności państwa w zakresie stosunków pracy, dlatego też Ruch Pracy powinien być szanowany przez polityków.
- Rząd powinien postawić sądy pracy na najdalszych peryferiach społeczeństwa, aby zapewnić czasowe i wygodne dążenie do sprawiedliwości, na przykład w Zvishavane.

Dobrowolne Związki Zawodowe

Wolontariat pracowniczy i autonomia są nieodzowne w stosunkach pracy, aby dać pracownikom pewną miarę wpływu w stosunkach pracy.

- Prawo do organizowania się powinno być w pełni przyznane, aby umożliwić pracownikom zjednoczenie się przeciwko wyzyskującym programom kapitałowym, stąd też poniższe fragmenty ustawy: 104, który daje prawo do strajku, 106, który daje ministrowi prawo do wydania zarządzenia w celu wykazania, dlaczego strajk nie powinien być wstrzymany, 107, który daje ministrowi prawo do rozporządzania strajkiem, 109, który daje surowe kary dla architektów nielegalnych strajków, 110, który angażuje ministra w odwołania od akcji strajkowej oraz 112, który precyzuje kary, powinien być zsynchronizowany z art. 65 ust. 3 ustawy Laburskiej w celu nadania pełnej skuteczności prawu do strajku.
- Związki zawodowe powinny być dobrowolne bez zastrzeżeń i nie powinny być motywowane interesami politycznymi. Niezależność związku zawodowego powinna być warunkiem wstępnym i istotną kwalifikacją do rejestracji, w przeciwieństwie do obecnego systemu, który nie stwierdza tego wyraźnie w statucie. System Zjednoczonego Królestwa, który kładzie nacisk na niezależność sekretarza stanu cywilnego, powinien zostać przyjęty w sposób wskazany w poprzednich rozdziałach. W związku z tym sekretarz nie powinien być mianowany na stanowisko polityczne, ale powinien być wybierany przez Komisję Służby Prawnej. Zapewniłoby to pewien stopień dobrowolności w tworzeniu i działalności organizacji pracowniczych w ich interakcji z pracodawcami i rządem.
- Prawa, które tłumią prawo do organizowania się, powinny być unieważniane pod naciskiem opinii publicznej i organizacji pracowniczych. W Zimbabwe POSA z 2002 r. utrudniało prawo do organizowania się w stosunkach pracy i poza nimi. W większym stopniu takie inscenizacje były promulgowane w celu służenia interesom politycznym przez jej rzemieślników. W związku z tym takie statuty muszą być zsynchronizowane z Konstytucją.
- Związki zawodowe powinny współpracować z instytucjami szkolnictwa wyższego w celu utworzenia ośrodków badawczych, które poszukują środków mających na celu skorygowanie przeszkód w dobrowolności i autonomii pracy. Nieodwracalne zaangażowanie zrekompensowałoby niekorzystne zdarzenia, takie jak zwolnienia dzikich kotów z 17 lipca, które nastąpiły po wyroku Sądu Najwyższego dla ropy naftowej w Żuvie, który został podkreślony przez autora w rozdziale 2.

Sądownictwo i sądy od dawna uznawane są za przeszkodę dla wolontariatu pracowniczego i autonomii. Związkowcy na przestrzeni dziejów uznawali bez zastrzeżeń dobrowolność, która nie podlega jurysdykcji sądów, za bardziej korzystną i pożądaną. Wynikało to w dużej mierze z faktu, że bezstronność jest w pewnym stopniu nieuchwytna w odniesieniu do przypadków, które mają konotacje z klasą społeczną. Z analizy autora jasno wynika, że sędziowie zasiadający w każdy sąd należy do określonej klasy i ostatecznie wyda werdykt na korzyść swojej klasy w celu zabezpieczenia swoich interesów. Wyrok Sądu Najwyższego z 17 lipca 2015 r. został wydany na korzyść pracodawców Zuva Petroleum w dużej mierze dlatego, że orzekający uważali, iż jego wynik wpłynie również na ich status. Urzędnicy rządowi w Zimbabwe, do których należą sądownictwo, władza wykonawcza, ustawodawca oraz osoby pracujące w parapaństwach i sektorze bezpieczeństwa, posiadają własny kapitał w wielu sektorach produkcyjnych w kraju. To pokazuje, że kwestie klasowe mają duży wpływ na wyroki. Można temu zaradzić poprzez wprowadzenie do ustawodawstwa przepisów, które mają na celu propagowanie bezstronności i wykluczenie znacznej nieuczciwości.

- Jest wysoce godne pochwały, że związkowcy i eksperci ds. pracy powinni mieć pełną zdolność prawną do występowania i oferowania przekonujących punktów w sądzie jako "przyjaciele sądu" w celu zapewnienia wolontariatu pracowniczego i autonomii w sprawach dotyczących pracy. Przepis zawarty w poprawce z 2015 r., który zakazuje stronom sporu korzystania z pomocy członków Komisji ds. Służby Sądowniczej, stanowi przykład środków mających na celu stopniową realizację zasady sprawiedliwości w sprawach dotyczących stosunków pracy. W związku z tym sądy powinny chronić i promować wolontariat pracowniczy i autonomię przy interpretacji prawa.
- Komitety pracownicze powinny mieć prawo do pozwania lub bycia pozwanym przed sąd i może to być zrealizowane poprzez zmianę ust. 24 ustawy w celu usunięcia szarej strefy, która jest nieodłącznym elementem tego przepisu, co podkreślono w poprzednich ustępach.

Dobrowolne negocjacje zbiorowe

- Negocjacje zbiorowe powinny być całkowicie dobrowolne i prowadzone w dobrej wierze, dlatego też nie należy rozpoczynać negocjacji między stronami, chyba że pracownicy zatrudnieni przez zewnętrznego audytora stwierdzą ponad wszelką wątpliwość, że pracodawcy przedstawili dokładne sprawozdania finansowe.

- Minister nie powinien w żaden sposób ingerować w CBA, ani w zakresie zmiany lub odmowy rejestracji. Oczywiste jest, że minister jest mianowany na stanowisko polityczne w gabinecie, a jego ingerencja w dobrowolne działania, takie jak negocjacje zbiorowe, uczyniłaby go nieważnym.

- Mandat do przyjęcia lub zmiany układów zbiorowych pracy powinien należeć do komisji parlamentarnej, a nie do osoby fizycznej. Zapewniłoby to pewien stopień bezstronności.

Prawo do strajku

Prawo do strajku powinno być chronione i promowane ze względu na fakt, że oznacza ono wprowadzenie w życie wolontariatu pracowniczego i autonomii. Prawo to leży u podstaw dobrowolnego działania i daje Uprawnienia te mają ogólne zastosowanie do każdego pracownika. Niemniej jednak, prawo do strajku jest nieskuteczne poprzez uciążliwe procedury, które muszą być spełnione, aby strajk mógł zostać uznany za legalny, przepisy ustawy, oprócz praw pracowniczych, negatywnie wpływają na to prawo podstawowe, a nieuzasadnione wyroki odstraszające za "bezprawne strajki" również negatywnie wpływają na prawo do strajku, o którym mowa w poprzednich rozdziałach.

- Aby prawo to zostało w pełni zrealizowane, trzy organy rządowe powinny należycie uwzględnić prawa pracownicze, biorąc pod uwagę fakt, że te podstawowe uprawnienia wynikają z ogólnej woli obywateli Zimbabwe. Dlatego też prawa te nie powinny być po prostu na papierze, ale należy pozostawić pracownikom możliwość korzystania z ich konstytucyjnych praw. Inną kwestią, która wymaga korekty, jest fakt, że prawo do strajku jest utrudnione przez uciążliwe procedury, które utrudniają jego rozpoczęcie.

Warunki, które spełniają działania strajkowe, aby zakwalifikować je jako zgodne z prawem, są trudne do spełnienia ze względu na biurokrację i długowieczność, co powinno zostać skorygowane. Ustawa o pracy jest w tym przypadku bardziej przeszkodą niż krokiem naprzód. Ustawa ta bezzasadnie wyklucza spór o słuszność, czyniąc jedynie spór interesów odpowiednim do podjęcia akcji strajkowej.

- Spór o prawo powinien pociągać za sobą strajk, podobnie jak spór o interesy. Każdy spór uzasadnia wszczęcie postępowania strajkowego, jeżeli druga strona bezzasadnie nie zastosuje się do zarzutów dotyczących uczciwości w stosunkach pracy. Wykreślenie sporu z obrazu dałoby po prostu pracodawcom przywilej robienia tego, co uważają za słuszne wśród wielu przywilejów, które posiadają. Dlatego też skala sporu powinna być na tyle przekonywująca, aby uzasadnić podjęcie działań strajkowych bez względu na charakter sporu.
- Ustawa przewiduje również, że pracodawca musi otrzymać czternastodniowe pisemne wypowiedzenie przed rozpoczęciem strajku przez pracowników. Ten przepisowy okres jest zbyt długi i ostatecznie demoralizuje pracowników. Wręcz przeciwnie, trzy dniowy okres byłby wystarczający, aby pracodawcy mogli podjąć decyzję. Ustawa stanowi również, że zanim pracownicy będą mogli uciec się do akcji strajkowej, należy skorzystać z mechanizmu rozwiązywania konfliktów, takiego jak postępowanie pojednawcze i arbitraż. Wszystkie te warunki nadają prawu do strajku status środka ostatecznego i stawiają strajk jako prawo w kompromisowym miejscu.
- Arbitraż powinien pełnić rolę sędziego, a nie dowódcy. Ponadto arbitrzy powinni być kontrolowani pod względem niezależności. W tym zakresie ustawa o pracy powinna regulować stosunki pracy w taki sposób, aby uwzględniała wolną wolę pracowników do

realizacji równego podziału wpływów pomiędzy pracę i kapitał. Pozwoliłoby to przezwyciężyć to, co Marks uformował alienację w pewnym stopniu, jak to omówiono w poprzednich rozdziałach, z uwagi na fakt, że pracownik będzie czuł się znaczący i będzie kontrolował procesy i owoce swojej pracy 229.

- Przepis kryminalizujący bezprawne działania strajkowe został przejęty przez wydarzenia z uwagi na fakt, że poza zapewnieniem praw pracowniczych, Konstytucja 2013 r. dawała ułaskawienie potencjalnym naruszycielom zobowiązań umownych. W ustawie o pracy nielegalna akcja strajkowa pociąga za sobą odpowiedzialność karną, która charakteryzuje się surowym poziomem kary czternastu, pięciu lat. Dlatego też musi ona zostać unieważniona lub zmieniona ze względu na jej niekonstytucyjność. W tym względzie art. 49 ust. 2 Konstytucji stanowi, że podstawy do zatrzymania osoby, która narusza zobowiązanie umowne, są puste 230. W tym względzie stosunek pracy można uznać za umowę ze względu na fakt, że pracownik przystępuje do świadczenia pracy na rzecz pracodawcy, a ten z kolei przystępuje do płacenia za te usługi przez określony czas. W tym przypadku, jeżeli pracownik wycofuje się z pracy, można uznać, że zerwał umowę.
- Prawo powszechne stoi na stanowisku, że pracownik ma obowiązek dostarczyć siłę roboczą, jednak nie powinno być to wykorzystywane przeciwko pracownikom z uwagi na fakt, że Konstytucja jako główne prawo ziemi ma przewagę nad wszystkimi innymi prawami. Jest to dowód na to, że prawo do strajku powinno być przestrzegane i można to w pełni osiągnąć tylko wtedy, gdy odpowiedzialność karna nie jest w żaden sposób związana z danym prawem. Złagodzenie tych surowych kar w znacznym stopniu przyczyniłoby się do promowania wolontariatu pracowniczego i autonomii.
- Pokazowa przyczyna i zlecenia utylizacji muszą zostać zmienione z ustawy o pracy. Te pisma w pewnym stopniu służą motywom politycznym w kontekście Zimbabwe. W związku z tym, o ile porządek przyczynowy stara się zmusić pracowników do usprawiedliwiania swoich zbiorowych działań w miejscu pracy, o tyle sam pismo nie jest uzasadniony. Do pewnego stopnia, dwa uzgodnione nakazy i kryminalizacja prawa do strajku mogą być postrzegane jako plan polityków o prokuratorskich interesach, którzy dążą tylko do tego, aby tłumić głosy sprzeciwu wobec nienagradzających się procesów zatrudnienia. W związku z tym, jeśli kroki proceduralne zostaną złagodzone, żaden pracownik nie przystąpi do bezprawnego strajku, ponieważ bezprawny strajk jest tylko środkiem ostatecznym, który może zostać podjęty, ponieważ warunki legalnego strajku są trudne do spełnienia. Dlatego też regulacja ustawowa jest ważna, ale powinna mieć na celu ochronę wolontariatu i autonomii pracowników poprzez uczynienie prawa do strajku skutecznym i ostatecznie nadanie pełnego skutku realizacji zasady uczciwości w stosunkach pracy.

Podstawowe usługi jako standard dobrego zarządzania

Teoria wrażliwości i wpływu

Badania wykazały, że istnieje wybiórcze stosowanie ograniczeń w odniesieniu do prawa do strajku i innych podobnych wspólnych działań, zwłaszcza w sektorze zdrowia, gdzie lekarze są traktowani w sposób szczególny, podczas gdy inni pracownicy, jak pielęgniarki, muszą przejść przez to trudną drogę. W tym przypadku ci równie ważni pracownicy są pozbawieni wolontariatu pracowniczego i autonomii, podczas gdy ich przełożeni sprawują kontrolę nad ich pracą. Podstawowe usługi są koniecznością w anatomii państwowej. Jeśli dalej będą wyrządzać społeczeństwu wielkie szkody. Wycofanie się z podstawowych usług może nawet wywołać niepokoje społeczne i wspólną, przytłaczającą milicję. Politycy w Zimbabwe uważają, że ich władza nie jest zagrożona 231. W związku z tym rząd dokonuje wyboru pomiędzy alternatywami, w odniesieniu do których zawód daje więcej korzyści ze względu na swoją wrażliwość i wpływ.

Teoria wrażliwości i wpływu

Niesprawiedliwie potraktowano również podstawowe usługi w zależności od siły i wpływu grupy osób pod określonym zawodem. Lekarze i pielęgniarki są częścią podstawowych usług, a lekarze pracujący pod rządami mają władzę ze względu na posiadane umiejętności. W rezultacie lekarze otrzymują więcej i bardziej czasochłonnych świadczeń w porównaniu z pielęgniarkami, aby uniemożliwić im wycofanie się z pracy, co doprowadziłoby do niepokojów społecznych. Dlatego też niezbędne usługi są wykorzystywane przez reżimy polityczne do strategicznej konsolidacji władzy. W celu wyjaśnienia różnic w znaczeniu, jakie przypisuje się różnym zawodom w podstawowych usługach. Podstawowe usługi mogą być wykorzystane do ukrycia faktu, że rząd nie wywiązuje się ze swoich obowiązków zgodnie z oczekiwaniami społeczeństwa. Przybiera to formę udzielania świadczeń, takich jak prawo do strajku i czasowego płacenia za określony zawód oraz pozbawiania innych, pozornie mniej znaczących, tych samych świadczeń. W związku z tym podstawowe usługi mogą być wykorzystywane jako zewnętrzny standard pomiaru niepowodzeń lub sukcesów rządu, na przykład w przypadku przyznawania selektywnych korzyści danemu zawodowi byłoby to przejawem niepowodzenia ze względu na fakt, że byłaby to zwykła strategia unikania bojówek i umacniania władzy. Godne pochwały jest to, że rząd traktuje zawody związane z podstawowymi usługami jednakowo, aby promować znaczną uczciwość.

Prawodawca może przyjąć ten proponowany punkt i uchwalić przepisy zapewniające równe traktowanie podstawowych usług, które pośrednio i wyraźnie wpływają na społeczeństwo ze względu na to, że są pulsem mas. Stworzenie tak solidnego fundamentu zobowiązywałoby rząd do otwartości i odpowiedzialności w celu zdobycia zaufania publicznego i ostatecznie do wspierania dobrych rządów. Pielęgniarki są częścią niezbędnych pracowników i są również traktowane wybiórczo w zależności od lokalizacji. Pielęgniarki w samorządach lokalnych i w sektorze prywatnym, w odróżnieniu od ich odpowiedników w szpitalach rządowych, cieszą się znacznym woluntaryzmem i autonomią pracy. Dochodzenie wykazało, że pielęgniarki w samorządach lokalnych mogą faktycznie uczestniczyć w akcji strajkowej i mogą jedynie pozostawić w miejscu pracy personel szkieletowy, aby zająć się nagłymi wypadkami. W tym przypadku za przykład przyjęto gminę Marondera. Gmina Marondera, która znajduje się w Mashonaland East odnotował dwa potężne strajki, a pielęgniarki w klinice miejskiej wzięły w nich pełny udział, niezależnie od politycznych konotacji strajku.

Konieczne jest, aby wszystkie podstawowe usługi były traktowane jednakowo, aby uniknąć tego, co Marks uformował jako "alienację", jak omówiono w poprzednich rozdziałach 232.

Uprawnienia do ustanawiania dalszych niezbędnych usług nie powinny należeć do ministra, wręcz przeciwnie, powinny być wyraźnie określone w ustawie o pracy, stąd też powinna istnieć konkretna lista niezbędnych sektorów. Pozwoliłoby to uniknąć nadużywania władzy przez ministra, który najwyraźniej jest politykiem powiązanym z partią polityczną. Zapewniłoby to wolontariat pracowniczy i autonomię. Istotne usługi powinny być określone w taki sposób, aby zapewnić jednolitość i sprawiedliwość.

Specjaliści ze specjalistyczną wiedzą powinni decydować, czy dany zawód naprawdę warto nazwać podstawowym, ten mandat może być udzielony w ramach władzy ustawodawczej.

Wnioski i perspektywy na przyszłość

W Zimbabwe polityka przyczynia się do poprawy stosunków pracy. To sprawiło, że wolontariat pracowniczy i autonomia stały się idealistyczne, a z drugiej strony głęboko zakorzeniona ingerencja rządu stała się nieunikniona. Uzasadnienie czynników związanych z interesem narodowym i bezpieczeństwem narodowym znalazło również odzwierciedlenie w stosunkach pracy. W związku z tym przybycie nowej stolicy z Chin po zacieraniu się stosunków Zimbabwe z Zachodem oznaczało wprowadzenie innego zastosowania standardów pracy. Zgłoszono warunki pracy, które obejmują godziny pracy, niskie wynagrodzenia i niesprawiedliwe wyniki negocjacji zbiorowych. Był to powrót do osiągnięcia dobrowolności i autonomii pracownika. Przewiduje się, że tendencja ta utrzyma się, biorąc pod uwagę fakt, że obecny rząd Zanu PF dalej konsoliduje swoją politykę "Look East" poprzez współpracę z krajami takimi jak Iran, których zasady demokracji są iluzoryczne. Jest oczywiste, że prawa człowieka wraz z prawami pracowniczymi będą nadal tracić na znaczeniu. Niemniej jednak, można temu zapobiec poprzez zmianę strategii rządu i rozpoczęcie równoważenia bezpieczeństwa państwa z upodmiotowieniem społecznym jego obywateli, co można osiągnąć jedynie poprzez nagradzanie procesów i wyników zatrudnienia.

Rząd powinien omówić kwestię ochrony praw pracowniczych swoich obywateli z inwestorami zewnętrznymi. Można również naśladować kraje, które osiągnęły dobrowolność i autonomię pracy, takie jak Stany Zjednoczone Ameryki Północnej z Wagnerowską Ustawą. Ponadto Międzynarodowa Organizacja Pracy powinna wykorzystywać swój ogólny status do monitorowania stosunków pracy, które w danym kraju wiążą się z kapitałem zewnętrznym, oraz do nakładania sankcji w przypadku naruszenia i zakłócenia ustalonych punktów.

Gospodarka polityczna Zimbabwe ma wpływ na stosunki pracy. W związku z tym przewiduje się, że recesja gospodarcza, w której znajduje się ten kraj, przybierze najgorszy obrót ze względu na eskalację niskiego wykorzystania mocy produkcyjnych, zmniejszają się źródła dochodów, nie wspominając już o szalejącej korupcji, o której donosi się w dziennikach. Rząd prawdopodobnie podejmie desperackie działania, a dobrowolność i autonomia pracy zostaną w tym okresie zlekceważone.

Rozwiązanie jest niezbędne do normalizacji systemu i ostatecznego zabezpieczenia dobrowolności i autonomii pracy. Przybrałoby to formę nadania pełnej mocy prawnej rządom prawa, które zapewniłyby odpowiedzialność i otwartość w zarządzaniu gospodarką i oznaczałoby zwiększenie dobrowolności i autonomii pracy. Wolontariat pracowniczy i autonomia, które obejmują prawo do strajku, dobrowolne negocjacje zbiorowe i prawo do tworzenia dobrowolnych związków zawodowych, są w dużej mierze nieuchwytne w stosunkach pracy w Zimbabwe, jak wynika z badania dotyczącego okresu od 2000 do 2015 roku.

MIX
Papier | Fördert
gute Waldnutzung
FSC® C083411

Kolibri 360 GmbH
Ferdinand-Jühlke-Straße 7
99095 Erfurt, Deutschland
produktsicherheit@kolibri360.de

Druck:
CPI Druckdienstleistungen GmbH
im Auftrag der
Kolibri 360 GmbH
Ferdinand-Jühlke-Str. 7
99095 Erfurt